GENEVIÈVE **MORAND** ET MICHEL S[illegible]

L'art de développer son réseau relationnel

Penser liens créatifs

jouvence
EDITIONS

De Geneviève Morand :

L'art de l'entraide, éditions Jouvence, 2013
Du réseautage au management collaboratif, dossier HRM, 2013

Dans la même collection aux Éditions Jouvence :

Le pouvoir de l'intention, Slavica Bogdanov, 2014
Gym douce et yoga sur une chaise, Jacques Choque, 2014
Sortir de l'anxiété, Xavier Cornette de Saint Cyr & Mona Poisson, 2014
L'art d'avancer en âge, Claude-Suzanne Didierjean-Jouveau & Martine Lagagnier, 2014
Les trésors du cycle de la femme, Maïtie Trélaün, 2014
Masser bébé, Rachel Izsak, 2014
Les 21 clés d'une vie épanouissante, Cécile Kapfer, 2014
L'index glycémique, Marie-Laure André, 2014
Les Additifs alimentaires, Marie-Laure André, 2013
Loi de l'attraction : mode d' emploi, Slavica Bogdanov, 2013
Oser changer sa vie, Christine Marsan, 2013
Arrêter de tout contrôler, Odile Chabrillac, 2012

Catalogue gratuit sur simple demande

Éditions Jouvence
France : BP 90107 – 74161 Saint-Julien-en-Genevois Cedex
Suisse : CP 89 – 1226 Thônex (Genève)
Site internet : **www.editions-jouvence.com**
Mail : info@editions-jouvence.com

ISBN: 978-2-88911-534-1

Dessin de couverture : Jean Augagneur

Maquette d'intérieur et de couverture : Stéphanie Roze

Suivi éditorial et composition intérieure : Quarma Productions

Dédicace

Ce livre est dédié à toutes les personnes qui portent un projet dans le but de réaliser leurs idées et leurs rêves.

En particulier aux 50 000 professionnels et entrepreneurs de la communauté rezonance.ch créée il y a plus de 15 ans à Genève dans le but de faire rayonner l'excellence de la région lémanique.

À l'achat de chaque livre, un pourcentage revient à la fondation Muse dont l'objectif est de favoriser la créativité entrepreneuriale.

Pictogrammes

À retenir

ATTENTION

Bon à savoir

Conclusion

Exercice

Huile essentielle

Le petit plus

Le saviez-vous ?

Pour aller plus loin

Recette

Témoignage

Trucs et astuces

Un peu d'histoire

Zoom

Notre collection **Maxi-Pratiques** se veut claire, lisible, didactique et facile d'accès. Elle comporte des rubriques reconnaissables par des pictogrammes (ci-dessus) ; vous accédez ainsi à l'essence de nos livres rapidement (chaque livre ne contient pas forcément tous les pictogrammes présents). Bonne lecture et bien du plaisir !

Sommaire

Avant-propos

Pourquoi ce livre ?

« L'art de développer son réseau relationnel – Penser liens créatifs » repose sur la conviction que le futur appartient aux personnes et aux organisations capables de tisser des liens de qualité.

Le tempo du changement ne cesse de s'accélérer. Pour fonctionner dans un tel environnement les défis sont nombreux. Une seule certitude : on n'y arrive pas seul.

Ce livre met l'accent sur les relations entre personnes. Croire qu'être sur Facebook® ou LinkedIn® suffit pour disposer d'un réseau, c'est se contenter de regarder le doigt et non la Lune qu'il pointe. Aujourd'hui, dans la grande entreprise comme dans les PME et l'économie solidaire, l'organisation se mobilise autour de projets. Or, les projets se font avant tout entre personnes. En entreprise, on engage autant un candidat pour ses compétences à réaliser des tâches que pour le réseau qu'il saura mobiliser au service du développement des projets de l'entreprise.

Disposer d'un réseau, c'est la clé. Savoir le mobiliser pour co-créer le monde de demain est tout aussi important. Pourquoi ? Serait-ce parce que l'homme a créé Dieu à son image qu'il l'a appelé « le Créateur » ? Cette provocation a le mérite de poser comme primordiale la capacité créatrice des êtres humains. Les choses ne peuvent pas se passer que dans nos têtes. Le passage à l'acte, la matérialisation des pensées est tout aussi importante.

Le premier chapitre expose le contexte du nouveau paradigme « Penser réseau et créativité». Les chapitres deux et trois partagent les bonnes pratiques des auteurs à propos du réseautage et des liens créatifs. Le quatrième chapitre est une proposition de matrice des liens pour aller encore plus loin car l'équilibre repose sur l'alternance et la compréhension des mécanismes et du mouvement de la vie elle-même.

Comme aimait répéter le généticien des populations Albert Jacquard, au frontispice de chaque école devrait figurer la devise : « Ici s'apprend l'art de la rencontre. » Ce livre est un pas dans cette direction.

Il est écrit par un entrepreneur et un ingénieur réflexifs qui ont envie de partager leurs bonnes pratiques dans le but de permettre à chacun de se relier au meilleur de lui-même et de réaliser son potentiel créatif. À vous d'expérimenter ce qui fait sens pour réussir vos projets.

Si votre objectif est de devenir acteur de votre vie, ce livre est pour vous. Il s'adresse aux simples curieux qui cherchent à développer des liens de qualité avec leur entourage, comme aux professionnels des organisations. Que vous soyez actif dans une association, porteur de projet, entrepreneur ou manager, que vous évoluiez dans les secteurs privé, public ou de l'économie solidaire, vous trouverez des clés utiles au quotidien et de nombreux témoignages.

Merci à toute l'équipe des Éditions Jouvence pour leur confiance. Les livres cités se trouvent dans la bibliographie.

Bonne lecture.

Genève, le 21 juin 2014

1. *Penser réseau et créativité*

Geneviève Morand

Connexion
Évolution
Interaction

> *« Il suffit d'interagir avec les autres, de nous interconnecter, pour engendrer de la nouveauté. L'avenir n'est pas écrit. Le temps des connecteurs est arrivé. »*
>
> Thierry Crouzet

Aujourd'hui, les mots « réseaux sociaux » et « créativité » sont dans toutes les bouches. Comment intégrer toute la richesse de ces notions ? Pour agir en mode réseau et créativité, le défi est de comprendre leur importance.

Cette première partie met l'accent sur un changement de paradigme, une nouvelle façon de penser le monde : passer d'une culture où l'on sépare, à une culture où l'on relie, passer de la catégorisation à la reliance, de la consommation à la « consom'action », de la transaction à la transformation.

Vous connaissez la blague ? Un homme harangue une foule : « Vous voulez du changement ? » Une clameur de OUI lui répond. Par contre, à sa deuxième question « Qui veut changer ? », le silence seul fait écho.

Le but de ce 1er chapitre est de montrer comment, en comprenant les principes du changement de paradigme, on peut enrichir ses références et adopter un comportement 2.0 pour plus de plaisir dans un monde interconnecté et interdépendant.

Pourquoi penser réseau et créativité ?

Bienvenue dans l'âge de la connexion

Pour les habitants des pays anglo-saxons, *The Shift* est aussi réel que le coût de la baguette de pain. Dans les pays francophones aussi s'élèvent des voix pour dire que le monde est en pleine mutation.

Au sortir de la deuxième guerre mondiale, le progrès semblait sans limite. Pour Albert Jacquard (*Le Monde diplomatique,* mai 2004), « le premier à comprendre et à exprimer la mutation subie actuellement par l'humanité n'a été ni un responsable politique ni un homme de science, mais un poète. En 1945, dans *Regards sur le monde actuel*, Paul Valéry écrivait : "Le temps du monde fini commence." Il est urgent de tirer les conséquences de ce constat : nous entrons dans une phase nouvelle de l'histoire des êtres humains ».

Nous vivons une époque où le rythme du changement va s'accélérant et où les crises économiques, financières, politiques, institutionnelles, climatiques, environnementales ou sociales, sont autant de reflets d'une mutation. De l'anglo-saxonne Lynda Gratton, professeur en pratiques de management à la *London School of Economics*, au philosophe français Edgar Morin, les intellectuels et penseurs convergent pour parler de Shift, de changement de paradigme.

Pour Dee Hock, banquier américain et inventeur de la carte Visa, « nous vivons le moment précis où une époque de 400 ans est en train de mourir et un autre âge se débat pour naître - un changement de culture, science, société et institutions, plus important que tous les précédents. À portée de main, la possibilité de régénérer l'individualité, la liberté, la communauté et l'éthique comme jamais auparavant et d'expérimenter une harmonie avec la nature, avec les autres être humains et avec l'intelligence collective, comme le monde n'a jamais osé le rêver ».

Comprendre la grille de l'évolution

En 1990, deux ans avant l'invention du *World Wide Web* au CERN à Genève, le Français Michel Saloff Coste construit une grille de l'évolution pour situer cette métamorphose dans l'histoire humaine.

En introduction à son livre *Le Management du troisième millénaire*, il écrit : « Nous passons de l'âge Industriel et Commercial à l'âge de la Création Communication. Plus profondément, il s'agit de l'émergence d'un nouveau rapport à la connaissance qui réintroduit les enjeux philosophiques propres à l'humain. Cette étude explore une approche visant à dépasser la séparation binaire du sujet et de l'objet par un modèle systémique de réalité fractale. »

4 grandes époques.

Il résume l'histoire de l'humanité en 4 grandes époques, caractérisées par des mutations profondes. La période de la « Chasse cueillette » a duré trois millions d'année. Lui a succédé l'âge de l'« Agriculture élevage » pendant 300000 ans. Ce qui définit l'âge de l'« Industrie Commerce » sur 300 ans (voir tableau page 14), ce sont les notions de sens, viscères, disponibilité de capitaux, démocratie, État, monnaie papier, scientifique, réductionniste, audio-visuelle, *mass-media*.

La période « Création Communication » dans laquelle nous entrons se caractérise par les mots suivants: cerveau, nerfs, émergence d'altérité, sensibilité, réseau, troc informatique, systémique, complexe, interactive, informatique. Le défi est de s'adapter à ce nouvel environnement, et non de le subir. L'invention de l'informatique est une invention bien plus impactante que celle de l'imprimerie.

Les générations futures parleront-elles de notre époque comme celle de l'âge de la connexion, comme on parle de l'âge de la pierre, l'âge du bronze ou l'âge du fer?

Tableau: La grille de l'évolution de Michel Saloff-Coste

Activité	**Outils**	**Pouvoirs**	**Organisation**	**Échange**	**Réflexion**	**Communication**
Chasse Cueillette 3000000 années	Ongles Dents	Osmose avec la nature	Mythe Tribu	Troc	Animiste Instinctive	Orale Bouche à oreille
Agriculture Élevage 300000 ans	Bras Jambes	Possession de territoire	Monarchie Royaume	Monnaie métallique	Monothéiste Analogique	Écrite Manuscrite
Industrie Commerce 300 ans	Sens Viscères	Disponibilité de capitaux	Démocratie État	Monnaie papier	Scientifique Réductionniste	Audiovisuelle Mass-Média
Création communication	Cerveau Nerfs	Émergence d'altérité	Sensibilité Réseau	Troc Informatique	Systémique Complexe	Interactive Informatique

S'enrichir de nouvelles connaissances

À monde nouveau, regard nouveau. Comme l'a dit Einstein, on ne peut pas résoudre un problème avec le même type de pensée que celle qui l'a créé : « Le monde que nous avons créé est le résultat de notre niveau de réflexion, mais les problèmes qu'il engendre ne sauraient être résolus à ce même niveau. »

Luc Bigé, biologiste et fondateur de l'Université du Symbole à Paris, propose une lecture de l'univers utilisant quatre types de connaissances différentes : **analytique, écologique, symbolique et opérative.**

Les 4 types de connaissance selon Luc Bigé

- **la connaissance analytique**, au cœur du système éducatif actuel,
- **la connaissance écologique**, une approche systémique dont l'enseignement est encore marginal,
- **la connaissance symbolique**, à la mode à l'époque de Jung dans les années trente. De récentes expositions à Berne et à Paris remettent à l'honneur le mouvement des peintres symbolistes,
- **la connaissance opérative**, celle des chamanes.

Aucune de ces quatre façons de voir le monde n'est meilleure que l'autre. Il s'agit en fait de les comprendre toutes, et le meilleur regard appartient à celui qui les possède au même degré de maîtrise. Il s'agit de voir depuis le centre dans ces quatre directions.

Penser réseau et créativité, c'est apprendre à voir le monde de multiples façons, s'enrichir du regard des autres. À cet exercice, on gagne en plasticité conceptuelle et en agilité d'action.

Voir le monde de multiples façons.

Si à l'ère de l'industrie et du commerce, les connaissances analytiques, rationnelles et scientifiques sont pertinentes, à l'ère de la connexion et de la créativité, l'important devient le lien entre les objets et non plus l'objet lui-même.

Lorsque la « connaissance écologique » s'impose, les compétences clés s'ajustent reflétant alors l'importance de mots comme « se relier », « changement permanent », « système ouvert » ou « bien-être ». Notre capacité à développer des liens de qualité devient ainsi centrale. Le réseautage en pleine conscience devient la stratégie gagnante des organisations comme des individus.

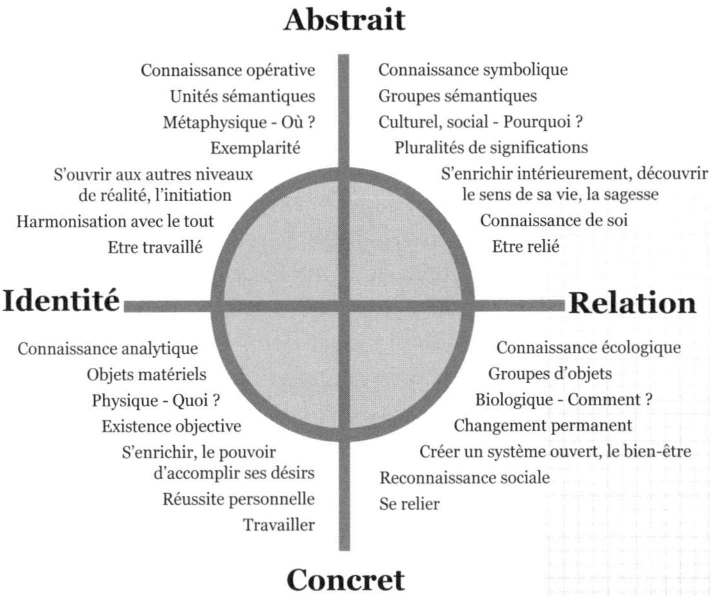

Source : Luc Bigé, *La Force du Symbolique*
4 types de connaissances : Abstrait, Relation, Concret, Identité

Aiguiser ses compétences sociales

Quotien émotionnel.

Sur le plan individuel, on peut dire que si, autrefois, un diplôme et un bon carnet d'adresses rimaient avec « clé du succès », aujourd'hui cela ne suffit plus. Le diplôme est devenu la moindre des politesses.

L'important de nos jours, c'est aussi d'être visible dans le réseau, de se connaître soi-même, de développer des liens mutuels de solidarité et d'être conscient de notre interdépendance.

Dans un monde en perpétuel changement, **ceux qui n'auront pas développé une boussole intérieure solide, basée sur la connaissance profonde de leurs talents, de leurs compétences et de leurs valeurs, pourraient tanguer dangereusement entre anxiolytiques, dépendance et dépression.**

Se créer une boussole intérieure.

La notion de compétence est à la mode depuis les années 1980. Autrefois on parlait d'aptitudes et de capacités. De même que l'on oppose compétences sociales à compétences techniques, on peut parler de quotient émotionnel (QE) versus quotient intellectuel (QI).

À une époque où la qualité de la relation qu'on peut bâtir avec l'autre devient primordiale, les compétences sociales et spirituelles prennent de plus en plus d'importance. D'aucun disent qu'elles comptent pour plus de 50 % dans la réussite personnelle et professionnelle. Or, il n'existe aucun cursus pour les acquérir.

Le réseautage et la créativité sont autant d'étapes sur le chemin de l'approfondissement du lien qui nous relie.

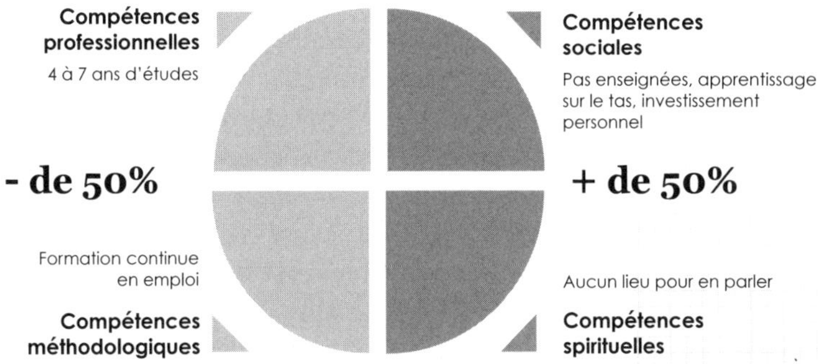

Apprendre à se relier

Monika Radecki, conseillère en communication en Allemagne, propose une définition de la notion de compétences sociales. Il s'agit des capacités liées à la relation à soi-même, aux autres et au groupe, dans l'exercice de fonctions spécifiques de direction, management, gestion d'équipe ou gestion de projet par exemple.

Il ne s'agit donc pas de savoir dorloter son prochain - et dans ce sens, le concept de *soft skills*, ou compétences douces, n'est souvent pas satisfaisant -, mais d'une compétence que l'on entraîne consciemment.

Voici sa typologie de quelques exemples de compétences sociales, exercées dans divers contextes :

- Compétences sociales **dans la relation à soi-même** : confiance en soi, estime de soi, confiance en ses propres capacités, réflexion sur soi, auto-évaluation...
- Compétences sociales **dans la relation aux autres** : empathie, esprit critique, respect, autodiscipline, capacité de s'exprimer...
- Compétences sociales **dans la relation à une équipe** : capacité à coopérer, aptitude à entrer en conflit, capacité de communication...
- Compétences sociales **dans des fonctions de direction** : flexibilité, capacité à inspirer la confiance, manière d'être conséquente, capacité à donner l'exemple, sens des responsabilités...

Je suis devenu un surhomme grâce aux autres

Témoignage d'Albert Jacquard

Voici le témoignage d'Albert Jacquard, généticien des populations. Dans son dernier livre *Dans ma jeunesse*, il révèle l'importance de l'accident de tram qui l'a défiguré dans l'enfance et coupé du reste de monde. On ne prenait pas de photo dans sa famille et ce n'est que récemment qu'il a retrouvé des images d'avant l'accident. Voici un extrait de son interview parue en 2012 dans le magazine *Le Point*.

« J'ai mis du temps à le comprendre, mais la seule chose qui compte, c'est la rencontre avec les hommes. Ce sont les rencontres qui vous construisent et vous donnent de l'énergie. Quand vous vous privez de l'autre, vous commencez un peu à vous suicider. Je suis devenu un surhomme grâce aux autres. Le surhomme n'est pas un super-héros mais un être multiple. Pour devenir un surhomme, on ne peut pas compter sur Dieu, mais sur les autres. Après avoir été un autre malgré moi, je suis devenu plus que moi-même grâce aux autres.

La création, la fonction principale de l'être humain ?

Je ne suis pas seulement un assemblage d'organes, de cellules, de molécules, d'atomes ; ce qui me fait aussi, c'est l'ensemble des liens que j'ai pu tisser. Il faut renoncer au concept de personne unitaire. Ce que la science et la vie nous apprennent, c'est que je est une multitude. Les hommes dépendent les uns des autres pour former la communauté humaine, comme les molécules pour fabriquer un corps. »

Pour Albert Jacquard, le surhomme, c'est NOUS ensemble.

Créer ou crever

La notion de créativité est souvent floue, la plupart des gens pensent qu'ils ne sont pas créatifs, que cela doit être un don que peu de personnes possèdent, ou que cela n'est pas donné à tout le monde.

Créer, c'est vivre pleinement.

Et si créer était notre véritable finalité? Et si l'être humain était « dessiné/designé » dans ce but? Et si l'objectif d'une vie est de rendre tangible et d'incarner des idées dans la matière? Et si créer était la fonction principale de l'être humain? Et si tout en nous, nos cellules, notre ADN et notre cerveau, était conçu pour créer, que ce soit à l'intérieur de notre corps comme à l'extérieur, et dans tous les secteurs de la vie?

Dans une classe d'école maternelle, il est facile d'observer que, pour les enfants, créer est aussi naturel que de respirer ou de manger. Les enfants passent naturellement leur temps à être créatif et à jouer. Or, dès l'âge de raison, l'éducation et l'environnement privilégient alors le « Il faut! », « Je dois! ». La part d'initiative pourrait même être considérée comme de la désobéissance ou de la contestation.

L'individu peut alors arriver à douter de ses propres capacités à créer. Le déni de cette faculté conduit à des blocages, voire à la maladie. Se mettre à créer est un réflexe de survie. Ne pas créer, c'est aller au-devant de problèmes. Alors que créer, c'est vivre pleinement !

À l'heure où le rythme des changements s'accélère, il est important de savoir rebondir avant de toucher le mur. Le contexte actuel nous ramène à questionner notre potentiel créatif. Et ceci vaut pour les individus comme pour les organisations.

Rebondir ou ne pas rebondir ?

Les principes de base

La créativité et « l'attitude réseau » sont des modes de vie à adopter et non les dernières techniques à la mode. Pour faciliter ce changement de comportement, voici 7 principes de base sur lesquels construire cette nouvelle façon de se relier au monde :

- la loi des 6 degrés,
- la responsabilité des informations émises et reçues,
- la probabilité de rencontre,
- l'apprentissage par prise de conscience successive,
- l'intégration des talents,
- l'émergence du neuf,
- la zone d'influence.

La loi des 6 degrés

Thierry Crouzet, ingénieur et vulgarisateur scientifique français, en parle si bien dans son livre devenu culte, *Le Peuple des Connecteurs* : « Dès 1929, l'écrivain hongrois Frigyes Karinthy pressentit l'avènement d'un nouvel ordre social. Il imagina que nous étions tous connectés les uns aux autres par l'intermédiaire des amis de nos amis. Plutôt que de recevoir des informations venant d'en haut (gouvernement, journaux, patrons...), nous étions, selon lui, capables de communiquer transversalement les uns avec les autres. Cette idée resta d'ordre poétique jusqu'à ce que le sociologue Stanley Milgram se demande combien d'intermédiaires séparaient effectivement deux personnes choisies au hasard. En 1967, Milgram proposa à des habitants du Nebraska et du Kansas d'envoyer une lettre à un Bostonien dont ils n'avaient jamais entendu parler. *Quand je demandai à un ami intelligent par combien d'intermédiaires devraient passer les lettres, il estima qu'il en faudrait au moins une centaine*, expliqua Milgram. À sa grande surprise, les lettres parvinrent à leur destinataire en passant par six intermédiaires en moyenne. La légende des six degrés de séparation était née. »

La loi des 6 degrés.

La loi des 6 degrés de Milgram stipule qu'entre tout être humain, il n'existe, en moyenne, que 6 degrés de séparation : je connais quelqu'un qui connaît quelqu'un qui connaît quelqu'un... qui... qui connaît cette personne. Chacun de nous est donc potentiellement en contact avec n'importe quel autre être humain sur terre. Ce concept peut être résumé par la formule de Milgram *It's a small world* qui a donné son nom à un réseau social très select *Small world*.

Cette loi est à la base de tous les réseaux sociaux et de leur développement exponentiel. Transposée sur le plan qualitatif de la relation de personne à personne, c'est la fameuse notion de la toile de la vie, chère au physicien Fritjof Capra comme aux Indiens d'Amérique du Nord. **Nous sommes tous reliés et donc affectés par les pensées, les actions et les comportements des uns et des autres.**

La responsabilité des informations émises et reçues

Nous SOMMES en réseau.

Le défi aujourd'hui n'est pas tant de déployer des efforts pour avoir un réseau que de prendre conscience que, qu'on le veuille ou non, nous sommes déjà en réseau. Il s'agit donc d'un changement d'attitude profond sur la nature des liens qui nous unissent les uns aux autres.

Au début des années 1970 et de l'ère informatique, les ingénieurs avaient pensé pouvoir gérer toute l'information du monde à partir de 3 super-ordinateurs Cray. Au final, la révolution des micro-ordinateurs a imposé un modèle décentralisé et non hiérarchique où chacun est responsable de l'information qu'il émet et qu'il reçoit.

Pourquoi ne pas imaginer l'être humain semblable à un poste de radio, un émetteur et un récepteur d'information. À chacun alors de choisir sa fréquence. De décider d'émettre ou de recevoir.

On connaît la communication dite télégraphique, où « Qui dit quoi, par quel canal, à qui et avec quel effet ? » est clairement défini. À cela s'ajoute la « nouvelle communication », dite orchestrale telle que définie par le Belge Yves Winkin, notamment. Ce professeur des universités en sciences de l'information et de la communication, spécialisé en «Anthropologie de la communication», enseigne la sociologie des interactions. Dans son livre *La nouvelle communication* paru en 1981, la métaphore utilisée est celle où tous sont immergés dans la communication et chacun joue sa partition, comme membre d'un orchestre, dans une immense symphonie sans fin.

Le futur appartient aux personnes capables de tisser des liens créatifs avec l'autre. Il n'y a pas de limite à notre capacité à tisser des liens de qualité. Et cela commence par le réseautage. La première barrière à franchir est celle de la timidité. Si certains sont complètement désinhibés, et d'autres totalement inhibés, en Europe, les sociologues parlent d'une population timide à 50%.

Ne rien voir, ne rien entendre, ne rien dire.

Oser adresser la parole à un inconnu, à quelqu'un que l'on ne connaît pas est une première étape. Il n'est pas si éloigné le temps où une femme n'était pas autorisée à adresser la parole à une personne qui ne lui avait pas été officiellement présentée. Au cœur de l'Afrique profonde, lorsque le journaliste Stanley rencontre le Dr Livingstone, ses premières paroles traduisent les coutumes de l'époque: « Dr Livingstone, I presume? »

À l'heure d'Internet et des réseaux sociaux plus que jamais, chacun est responsable de l'information émise et reçue et de la pertinence de sa contribution à la conversation globale. Pour Albert Jacquard, généticien des populations, au frontispice de chaque école devrait figurer cette mention: « Ici s'apprend l'art de la rencontre. » Être en relation, c'est être relié, à soi, aux autres, à la communauté, et c'est l'apprentissage d'une vie.

La probabilité de rencontre

Le réseautage ne saurait être réduit à l'échange de cartes de visite lors de cocktails. Ce simple acte de faire connaissance avec autrui, avec celui qui est différent, est le premier pas vers une véritable culture du lien. On peut tenter l'analogie entre l'appauvrissement de notre agriculture par la monoculture avec celle de l'appauvrissement de notre culture par la monoculture des émissions de télé-réalité et de celle, binaire, suggérée par les « J'aime » et « J'aime pas » des réseaux sociaux.

Poursuivons l'analogie avec le vivant. Les biologistes ont aussi constaté que plus une espèce est en interaction avec son environnement, plus elle accroît ses chances de survie. La richesse naît de la diversité. On se nourrit de la différence. Un projet naît de multiples regards.

Augmenter son taux d'interaction, c'est aussi augmenter son *bum prate*, soit la probabilité de rencontrer la bonne personne pour faire avancer son projet. Et il est important de se bâtir un réseau quand tout va bien. Dans le mot anglais *networking*, il y a aussi le mot travail, car se bâtir un réseau, cela prend du temps, et c'est un véritable travail.

Au cœur de la notion de réseautage, se trouvent les valeurs de solidarité et d'entraide.

Pratiquer l'entraide, c'est décider d'aller plus en profondeur dans la relation à l'autre. L'entraide est un processus que pratiquent des milliers d'entrepreneurs et porteurs de projet sur la planète pour se challenger, se soutenir et se refléter, sans jugement et dans la bienveillance. Ce processus permet aux membres des cercles d'entraide de trouver par eux-mêmes les solutions créatives à leur progression personnelle autant que professionnelle. On peut se rapporter à mon livre *L'art de l'entraide* pour plus d'informations sur les réseaux d'entraide.

Escalier d'améliorations successives.

L'apprentissage par prise de conscience successive

On peut raconter l'évolution du management assez simplement. Pour ce faire, mon maître Shoji Shiba aimait dessiner ce Bouddha.

Dans ce schéma, le 1er œil c'est celui du Taylorisme utilisé pour construire les chaînes de montages des voitures dans l'usine Ford. Le 2e œil, c'est celui de l'amélioration continue (TQM) développée par les Japonais à l'issue de la deuxième guerre mondiale afin de redresser l'industrie de leur pays. Et le 3e œil, c'est celui du management de rupture, celui de la créativité, celui qu'il est urgent

Ouvrir le 3e œil de l'innovation de rupture

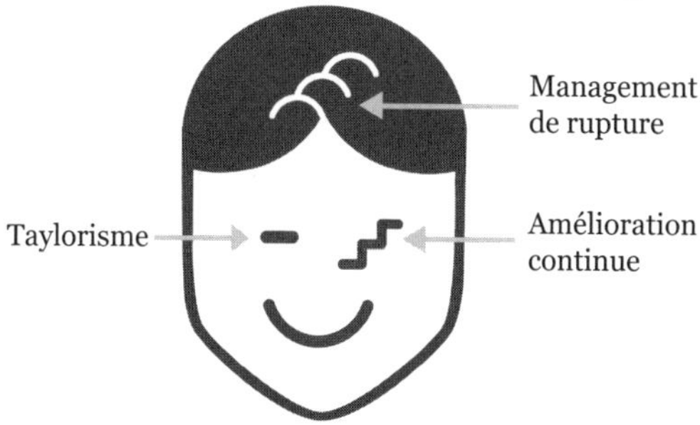

d'ouvrir pour accéder à l'innovation, le nouveau Graal à conquérir.

Nos parcours de vie peuvent aussi refléter ces trois étapes du management. Prenons le cas de Shiba: il a d'abord connu le travail à la chaîne, puis il s'est mis au management de la qualité totale dont le principe repose sur l'amélioration constante, symbolisée ici par un escalier d'améliorations successives. Et un beau jour, après avoir enseigné pendant quinze ans le *Total Quality Management* au MIT (Massachusetts Institute of Technology), il a convoqué tous ces collègues professeurs, et il leur a annoncé que désormais il n'enseignerait plus que le management de rupture (*Breakthrough Management*), et ceci pour répondre au besoin d'innovation des entreprises.

On peut reprendre ce même schéma pour expliquer l'évolution de la formation. Le 1er œil symbolise alors l'enseignement traditionnel qui mène au diplôme. L'escalier du 2e œil représente alors l'équivalent de la formation continue dont le but est de développer des méthodes effectives au fur et à mesure des besoins des personnes pour performer dans leur poste de travail. Enfin, le 3e œil représente les sauts à accomplir par l'apprentissage par prises de conscience successives qui favorise un certain état d'être, devenu aussi important aujourd'hui que les « compétences métiers ».

Pendant des décennies, l'appris par cœur (*MÉMORISER*) a été la référence. Il a aussi été privilégié car c'est le système qui permet le plus facilement de noter les étudiants. Or aujourd'hui, à l'heure du cerveau augmenté par l'accès au cyberespace, ce qui est décisif à l'embauche, c'est la capacité de créer (*CRÉER*) ce que démontre la Taxonomie de Bloom (voir le schéma ci-contre *Taxonomie de Bloom : la pyramide de l'apprentissage).*

De même, la leçon magistrale qui a été le dispositif privilégié de l'enseignement, est paradoxalement celui qui donne les moins bons résultats en termes d'apprentissage. Le meilleur moyen d'apprendre, c'est d'enseigner comme le montre le schéma « *The Learning Pyramid* » *(Taux de rétention moyen d'un étudiant).*

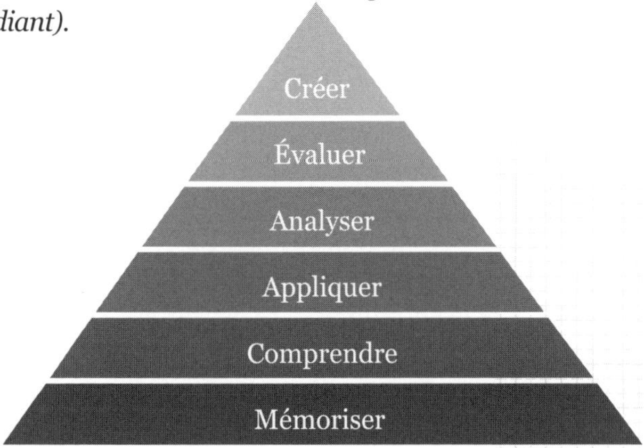

Taxonomie de Bloom : la pyramide de l'apprentissage

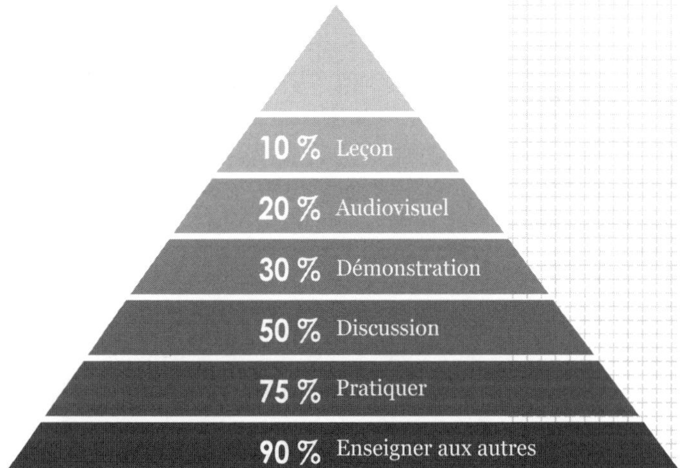

Source : *National Training Laboratories,* Berthel, Maine
Taux de rétention moyen d'un étudiant

Aujourd'hui, les étudiants ne doivent pas seulement apprendre des connaissances (savoir) et des méthodes (savoir faire), mais surtout développer leur réseau et leur potentiel créatif (savoir être).

L'intégration des talents

Comment être créatif si on ne connaît pas ses talents et si on n'a pas l'opportunité de les pratiquer et de les développer ?

Paradoxalement, il existe plus de mots pour décrire les faiblesses humaines, comme névrose, psychose, dépression, manie, hystérie, accès de panique, schizophrénie, que pour décrire les qualités humaines qui se limitent souvent dans un CV à « Sens du contact humain et motivé ». De même, il est plus facile de qualifier autrui, plutôt que de décrire clairement ses propres émotions. Or, pour bâtir la confiance en soi, comment faire si l'on n'est pas conscient de ses talents ? On est réduit à être une petite coque de noix ballotée sur l'océan. Toute personne a des talents particuliers, utiles pour garder le cap et trouver son Orient. De même que physiquement nous sommes tous différents, de même, chaque personne dispose de talents uniques. Comme le dit

si bien le psychologue suisse Carl Gustav Jung, rester fidèle à la loi de ce que l'on est, c'est un acte de grand courage face à la vieet c'est ce que la vie nous appelle à faire : révéler nos talents.

Il existe plusieurs définitions des talents. Je me base ici essentiellement sur les travaux de la société Gallup, et sur le livre *Découvrez vos points forts*. Comment se conjuguent nos talents avec les savoirs et les savoir-faire ? Imaginez un arbre. À sa base, des racines comme autant de talents, soit des modes stables et innés de pensée, de sentiment ou de comportement. Le tronc correspond au savoir, soit ce que l'on apprend à l'école. Et le feuillage fait fleurir les savoir-faire, soit les capacités à effectuer une action décomposable en plusieurs étapes. Nos talents sont le substrat de notre être. Gallup les définit comme ce qui correspond aux connexions synaptiques les plus développées de notre cerveau. Vous pouvez les découvrir en pratiquant l'auto-analyse.

Zoom

Federer a du talent !
Un jour, lors d'une interview radio, Roger Federer a avoué que pendant longtemps, il avait été un joueur de tennis ordinaire. Il lui a fallu du temps pour prendre conscience de son talent, le reconnaître, l'accepter, puis décider de le partager en l'offrant au public.

Introspection pour découvrir ses talents

Voici une liste d'indices qui peuvent vous mettre sur la piste. Bien que notre éducation

Test de Gallup.

valorise l'effort, nos talents sont souvent ce que l'on fait le plus facilement et avec le plus de satisfaction. Ils peuvent aussi se révéler lors de réactions spontanées et soudaines, de désirs forts, d'activités positives ou en cas d'apprentissage rapide.

Gallup a mis au point un test en ligne sur Internet qui a l'avantage de ne pas donner le désagréable sentiment de se retrouver prisonnier d'une tranche de fromage et d'avoir à se comparer aux autres. Il est impossible de rencontrer deux personnes qui aient tout-à-fait les mêmes talents. Gallup a eu des difficultés à lister les talents, sans être réducteur. Ils se sont limités à trente-quatre talents qui se combinent. Parfois, il s'agit d'adjectifs, parfois de noms ou même de verbes. Chaque mot représente ce que l'on pourrait appeler un bouquet, Gallup parle de thème de talents. Son équipe a travaillé sur plusieurs pays pour aller au-delà des différences culturelles.

Voici la définition des talents selon Gallup. Ce sont nos racines profondes, elles sont innées. C'est le terreau sur lequel vont fleurir les savoirs et les savoir-faire qui, eux, sont acquis. Pour Gallup, les talents sont l'expression des connexions neuronales les plus importantes du cerveau, propres à chaque individu.

Inné et acquis

3. **Savoir-faire** : capacité à effectuer une action décomposable en plsuieurs étapes.

2. **Savoir** : ce que l'on a appris

1. **Talents** : modes stables et innés de pensée, de sentiment ou de comportement

Pour aller plus loin

Les thèmes des 34 talents selon Gallup

Talents relatifs aux efforts :
Réalisateur – Activateur – Convaincu - Importance – Discipliné – Assurance - Adaptabilité – Focalisation – Restaurer.

Talents relatifs à la réflexion :
Analyste – Arrangeur – Prudent – Connexion – Équité – Futuriste – Studieux – Intellectualisme – Contexte – Stratégique – Idéation.

Talents relatifs aux rapports :
Harmonie – Communication – Empathie - Englober – Individualisation – Relationnel - Responsabilité.

Talents relatifs à l'influence :
Compétition – Commandement – Développeur – Positivité – Maximisation – Charisme.

Le bruit des réseaux sociaux

En entreprise, *Gallup Organization* a posé la question suivante à 1,7 millions de travailleurs dans cent une entreprises réparties sur soixante-trois pays: «Avez-vous l'occasion de faire quotidiennement ce que vous savez faire le mieux?»

En tout, 20 % seulement de salariés travaillant dans les grandes entreprises étudiées par Gallup estiment que leurs atouts sont mobilisés chaque jour. Cela veut dire a contrario que 80 % des personnes sont utilisées à contre-emploi ce qui représente de belles opportunités et un beau gisement de progression pour les entreprises.

L'émergence du neuf

Aujourd'hui, les réseaux sociaux sont l'arbre qui cache la forêt. Se brancher sur son canal Facebook ou LinkedIn, engendre du bruit, comme lorsqu'on écoute la TV ou la radio. Pour aller en profondeur dans la relation à soi et aux autres, il faut faire silence, se mettre à l'écoute et prendre le temps.

Le processus de créativité se déroule à partir du vide. L'émergence du neuf ne peut se produire lorsqu'il y a trop plein. Imaginez une armoire pleine: comment y glisser un nouveau manteau? Il faut d'abord vider tout ou une partie de l'armoire.

Témoignage

Un entrepreneur témoigne

« Dans les années 1990, l'émission *Perdu de vue* animée par Jacques Pradel a été un des premiers *Reality Show* de la TV française. J'en ai regardé un épisode. Lorsque je me suis rendu compte, un mois plus tard, que je rêvais à cette famille, à cette fille disparue et que j'étais inquiet pour les parents, je me suis rendu compte que j'avais "attrapé" les pensées d'autres personnes, de personnes que je ne connaissais même pas. C'est la seule et unique fois que j'ai regardé une émission de télé-réalité. Depuis, je privilégie mon propre ressenti et mes propres émotions, non celles des autres. »

La zone d'influence

En étant occupé à réfléchir à des choses que l'on ne peut pas changer, on s'épuise rapidement. Il est important de distinguer entre zone de préoccupation et zone d'action et de toujours revenir au cercle où il est possible d'exercer une influence.

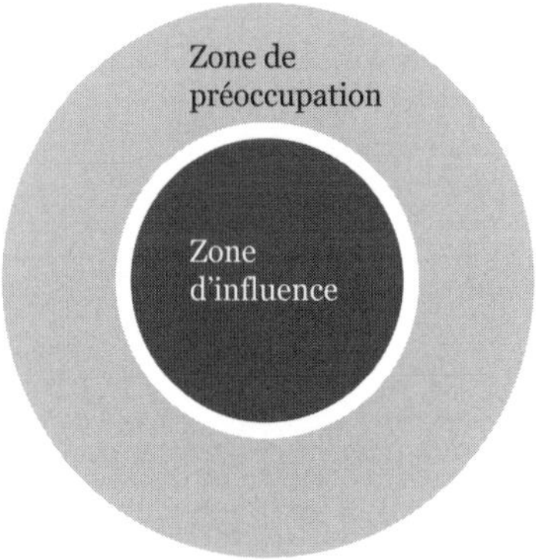

Privilégier la zone d'influence où notre action a un impact.

C'est ce que nous rappelle la prière de la sérénité, en vogue chez les Alcooliques Anonymes et dont l'origine se perd. L'auteur pourrait en être Saint-François d'Assise.

Prière de la sérénité

Donnez-moi la sérénité
D'accepter les choses que je ne puis changer,

Le courage de changer
les choses que je peux,

Et la sagesse d'en connaître la différence.

2. Du réseautage

Geneviève Morand

Chaque rencontre est un vrai trésor.
Proverbe marocain

Cette deuxième partie focalise sur les grands principes à comprendre et à mettre en œuvre pour que le réseautage devienne un art de vivre plus qu'une technique.

La bonne nouvelle est que le réseautage, cela s'apprend. Si 10 % des gens le font naturellement et 10 % sont totalement réfractaire, 80 % des gens peuvent s'améliorer. On peut surtout le pratiquer en conscience pour progresser.

Les 4 champs du réseautage conscient

Un réseau se cultive comme un jardin. Sa beauté provient de la profusion. Avez-vous déjà emménagé dans une maison avec jardin ?

À retenir

On peut faire 4 choses avec un jardin :

1. L'**inventorier** pour en découvrir la forme et les contours
2. Le **qualifier** pour mieux comprendre la nature de chaque plante
3. Le **développer** pour faire pousser de nouvelles espèces ou au contraire laisser certaines parties en friche, et finalement
4. Le **cultiver**, le soigner, l'arroser.

La récolte est le fruit de cette attention. Votre réseau est potentiellement un jardin d'abondance.

La bonne nouvelle est que nous avons tous un réseau. Le réseautage, c'est comme la prose, on en fait tous, sans forcément le savoir. L'objectif de ce chapitre est de conscientiser son réseau. Et on peut le faire en améliorant en conscience ces 4 actions : inventorier, qualifier, développer et cultiver son réseau.

Son réseau comme un jardin

inventorier

développer

qualifier

cultiver

Dans ce livre, nous utilisons la notion de réseautage responsable et durable telle que développée par Lise Cardinal, auteurs de *Comment bâtir un réseau de contacts solide* qui est depuis dix ans une lecture recommandée auprès des étudiants de HEC Montréal et de Réseautage d'affaires : mode de vie.

Inventorier son réseau

Il est important de pouvoir dresser un inventaire et de visualiser son réseau pour en prendre conscience. En général, notre réseau est beaucoup plus important que ce que l'on imagine.

Inventorier son réseau peut prendre plusieurs formes. En dresser la liste est la plus habituelle. On peut par exemple en faire l'état actuel ou voir son évolution. Certains logiciels permettent, en fonction des mails reçus et envoyés par exemple, de visualiser très concrètement avec qui vous êtes en contact. Ce type d'inventaire ne tient pas compte des contacts dormants, c'est-à-dire des personnes que vous connaissez mais avec lesquelles vous n'êtes pas régulièrement en contact.

Témoignage

Voici l'expérience d'une femme ingénieur EPFL. Après avoir assisté à une conférence sur le réseautage, elle décide de noter les noms et prénoms de toutes les personnes qu'elle a rencontrées dans sa vie. Elle commence chronologiquement, depuis la maternelle. Le nombre de personnes qu'elle connaît est plus important que les contacts de son PDA (« *Personal Digital Assistant* »). Nombreux sont perdus de vue. Elle décide de les recontacter. Non seulement, les gens sont contents de l'entendre, en plus ils lui demandent ce qu'elle fait, quels sont ses rêves. Femme entrepreneur, elle dirige une usine et partage son envie de créer une agence de voyage dans l'écotourisme. Habituée à la planification linéaire, elle se surprend, en très peu de temps et grâce à l'aide de son réseau, à ouvrir une enseigne d'écotourisme ainsi qu'un espace de travail partagé dans les locaux attenants à l'agence. Et ces premiers clients sont... les membres de son réseau.

On peut aussi dresser un inventaire par catégorie, à vous de définir lesquelles. Par exemple, famille, entreprise, relations d'affaires ou sociales, etc.

N'hésitez pas à dessiner votre réseau. Il est intéressant de suivre les liens entre nos contacts : qui nous a mis en contact avec quelle personne, etc. On peut le dessiner à un temps donné ou même son évolution dans le temps.

Dessinez votre réseau.

Un grand artiste contemporain, Mark Lombardi, s'est rendu célèbre en dessinant les réseaux cachés de la finance. Dans des tableaux monumentaux, il rend explicite les liens en principe cachés entre les personnes des milieux politico-financier. Pour lui, un artiste se doit de peindre le paysage de son époque. Et pour lui, le paysage le plus important est celui de la finance et de la bourse qui influencent directement la vie de chacun. Sa façon bien particulière de représenter les réseaux peut donner des idées. Place à l'imagination.

Qualifier son réseau

Dans un jardin, s'il y a plusieurs pommiers, il est important de pouvoir reconnaître s'il s'agit de Granny Smith, de pommes Golden, ou d'un pommier du Japon. Chaque personne est différente et il est important de comprendre son originalité. Les possibilités de qualifier son réseau sont innombrables.

À vous d'imaginer et de choisir celle qui vous correspond.

Malcolm Gladwell dans son livre *Le point de bascule* paru aux éditions Transcontinentale parle des connecteurs, des vendeurs et des *maven*, soit en Yiddish : celui qui acquiert des connaissances.

Bon à savoir

Le Connecteur est un spécialiste des gens. Il tisse les liens, centralise les renseignements et transmet les messages. C'est une personne d'action, sociable, curieuse, énergique qui a confiance en elle. Le Connecteur possède un talent extraordinaire pour mettre les gens en contact, connaît beaucoup de monde et a un instinct particulier pour se lier d'amitié et créer des relations et maîtrise la formation de réseaux - il voit dans les gens des « connexions » potentielles.

Le Maven est un spécialiste du renseignement, une banque de données à lui tout seul. C'est une personne curieuse, précise, avisée et altruiste. Le Maven accumule des connaissances approfondies et de tout acabit, que peu de gens possèdent.

Le Vendeur est un spécialiste de la persuasion. Personne énergique, optimiste, enthousiaste, charmante, envoûtante et exubérante. Le Vendeur persuade les non-convaincus de la validité des messages qu'ils reçoivent. On ne peut lui résister.

Cet homme a pour habitude de n'ajouter à son carnet d'adresses que des gens avec lesquels il a au moins une fois partagé un repas en tête-à-tête. Pour lui une simple conversation lors d'un cocktail ou un échange de carte de visite n'est pas suffisant.

Témoignage

Un jour, en formation, un homme présente sa façon de qualifier sa base de contacts : il y a des groupes classés par le nom des trois entreprises pour lesquelles il a déjà travaillé. Puis il y a des groupes VIP 1, 2 et 3. À la question de savoir ce que ces groupes VIP (*Very Important Person*) représentent, il répond que ce sont des gens qui connaissent beaucoup de gens et que pour lui, ces personnes sont spéciales (des connecteurs). Il essaye de les voir régulièrement et comme ce sont des personnes en général fort occupées, il prend soin de savoir à quelles activités publiques elles participent pour simplement maintenir le contact avec elle.

Développer son réseau

La notion de point de bascule développée dans le best-seller de Malcolm Gladwell est essentielle en matière de marketing en général, tout comme en matière de marketing de soi. Son livre, intitulé *Le point de bascule* ainsi que *The clue train manifesto,* sont deux ouvrages incontournables pour tous ceux qui veulent croître en mode réseau. Malcolm Gladwell explique comment se produit la contagion. Il fournit des points d'ancrage précis à quiconque veut initier un mouvement pour faire boule de neige. Et prouve qu'avec un peu d'imagination et un bon levier, on peut faire bouger le monde.

Au début de la vie professionnelle ou en cas de reconversion dans un nouveau

secteur d'activité, il faut compter au minimum deux ans pour se construire un réseau. Pendant cette période, il appartient à la personne d'aller vers les autres. L'objectif en termes de réseau personnel est aussi d'atteindre ce point de bascule. Les réseaux sociaux et Twitter® y contribuent largement. Il ne faut toutefois jamais perdre de vue que les relations directes entre personnes sont la clé.

Lise Cardinal définit le réseautage comme « la création intentionnelle et stratégique de liens entre des personnes, dans le but avoué d'ouvrir de nouvelles avenues et perspectives, d'évoluer hors de sa zone de confort et de rechercher la complémentarité et la diversité qui favoriseront l'accroissement de son savoir et de son savoir-faire ».

Témoignage

Voici l'histoire d'Hervé Bloch, un Français qui n'a jamais mis les pieds en Suisse et que son entreprise envoie ouvrir une succursale à Genève. Il envoie un mail à son carnet d'adresses promettant un ballot de chocolat Bloch à quiconque le met en relation avec une personne vivant en Suisse. Cette dizaine de points de chute l'amène en un temps record de quelques mois à être connu de tout son secteur d'activité. Son secret ? Il s'intéresse aux autres, et plus précisément, à leurs besoins. Il rencontre les gens dans la vie réelle, plusieurs personnes par jour, et met en contact la personne qui cherche à recruter un prodige d'Internet avec une entrepreneur en plein recrutement, une personne qui cherche un chat avec celui qui ne sait que faire de quatre chatons. Il est à l'écoute des besoins des gens qu'il rencontre et ne compte pas son temps.

C'est avec des petites choses que se bâtit la confiance. Si vous promettez quelque chose à quelqu'un, tenez votre engagement.

Trucs et astuces

En mode réseautage à une conférence ou un cocktail, voici les 7 règles d'or qui sont distribuées aux participants du réseau Rezonance :

1. Offrez une poignée de main ferme.
2. Présentez-vous de façon mémorable en 15 mots.
3. Ayez vos cartes professionnelles à portée de main.
4. Rencontrez au moins 5 nouvelles personnes.
5. Posez des questions et écoutez les réponses.
6. Notez et tenez les promesses faites.
7. Effectuez un suivi avec les contacts amorcés.

Cultiver son réseau

Comme aime le répéter Lise Cardinal, « les réseaux changent et évoluent et leurs maillons s'émoussent et s'usent lorsqu'on ne les entretient pas. Ils perdent aussi leur efficacité – et leur pertinence – lorsqu'on les sollicite trop ». Cultiver son réseau est tout un art, chaque réseau est un reflet, le prolongement de soi-même.

Souvenez-vous du Petit Prince et de l'attention qu'il porte à sa rose. On peut aussi lire et relire ce best-seller mondial comme un bréviaire en matière de réseau et de lien. Vendu à 134 millions d'exemplaires depuis sa parution à New York en 1943 et traduit en 220 langues et dialectes, le musée du Petit Prince à Hakone, au Japon, reçoit 400 000 visiteurs par mois.

Ici aussi, l'imagination n'a pas de limite et chaque personne doit rester authentique dans sa façon de cultiver son réseau. Il n'y a pas de bonnes ou de mauvaises choses, il s'agit de trouver ce qui convient, la chose juste à faire, au moment juste.

Témoignages

Un banquier raconte qu'un de ses collaborateurs sur-performe chaque année et qu'il ne comprend pas pourquoi. Je lui demande alors de réfléchir à une chose que cet homme fait en particulier. À la pause, il vient me voir et raconte : « À chaque anniversaire, il passe personnellement déposer le cadeau que la banque envoie en général à ses clients par la poste ». Et cette visite est souvent la seule que ces personnes, en majorité âgées, reçoivent. C'est tout simple, cela vient du cœur, et cela crée une relation privilégiée. On peut oser créer un lien d'intimité avec autrui, même sur le plan professionnel. Il n'y a pas de barrière à dresser entre le professionnel et le personnel.

Helena aime les rituels. Chaque printemps, à la première éclosion de fleur de magnolia, avec une amie, elles conviennent de s'appeler pour fixer un rendez-vous pour déjeuner. À la première neige, elle appellera tel ami. Graphiste, chaque année, elle met un soin tout particulier dans ses vœux de Nouvel An, avec pour résultat que ses clients et amis attendent cette carte pour s'en émerveiller.

Pierre est parti à la retraite et a développé ses talents de peintre du dimanche en réalisant de magnifiques aquarelles des villages du lac de Bienne et de Neuchâtel. À chaque changement de saison, il envoie par la poste une newsletter colorée de ses textes poétiques et de ses peintures enchantées. Il se rappelle à ses amis de la plus agréable façon.

On se sustente de nourriture physique autant que de rencontres. L'objectif est de créer des relations enrichissantes avec votre réseau. Aujourd'hui, ce qui fait la différence, c'est la capacité des personnes à créer des liens créatifs, c'est-à-dire de voir dans chaque rencontre l'échange, le projet qui peut naître non pas de deux monologues, mais de la rencontre. Quelque chose de plus grand que chacune des personnes.

Réseautage contre information.

À l'origine, le sens de l'expression « Être de bon commerce » n'est pas celui de faire de bonnes affaires, mais d'être agréable à fréquenter, d'avoir une bonne conversation.

La monnaie d'échange du réseautage, c'est l'information. Échanger de l'information qui peut être utile, cela ne coûte rien. Envoyer un article de presse sur le thème de la recherche d'un ami est une agréable façon de dire à quelqu'un que l'on pense à lui.

Pour aller plus loin

Réseauter à l'heure digitale

Vous pouvez vous référer au livre de Porter Gale *Your Network Is Your Net Worth: Unlock the Hidden Power of Connections for Wealth, Success, and Happiness in the Digital Age* paru en juin 2013, préfacé par Guy Kawasaki, auteur de best-sellers pour les entrepreneurs qui souhaitent lancer leur start-up.

Zoom

Les Talents relatifs aux rapports

L'entreprise de sondage Gallup (Strengthsfinder, Découvrez vos points forts, Pearson), a identifié 7 talents relatifs aux rapports :

- **Harmonie** : vous recherchez des terrains d'entente. À votre avis, les conflits et les désaccords ne mènent à rien, et vous cherchez à les minimiser le plus souvent possible. « J'aime les gens. Je prends la forme du navire dans lequel je navigue, alors je ne m'irrite pas facilement. »

- **Communication** : les idées sont fades. Les événements sont statiques et vous ressentez le besoin de leur donner vie, de les dynamiser, de les rendre intéressants et captivants. « Je construis mes histoires autour de mes propres expériences parce que tout le monde peut s'identifier avec elles. »

- **Empathie** : vous ressentez les émotions de ceux qui vous entourent comme si elles étaient les vôtres et vous êtes capable, intuitivement, de voir le monde comme les autres le voient et de partager leur vision des choses. « J'aime me mettre à la place de mon équipe. Réfléchir aux arguments de leur point de vue de façon à nous rendre tous plus convaincants. »

- **Englober** : agrandir toujours le cercle. Vous voulez inclure les gens et leur donner un sentiment d'appartenance au groupe. « Même enfant, malgré ma timidité, j'étais toujours celui qui invitait les autres à jouer. »

- **Individualisation** : vous êtes intrigué par les qualités particulières de chacun. « Parfois, je quitte mon bureau et – vous savez les bulles que les personnages de BD ont au-dessus de leur tête ? - je vois ces petites bulles au-dessus de la tête de chacun me disant ce qu'ils pensent. Cela paraît étrange, mais cela m'arrive tout le temps. »

- **Relationnel** : vous n'évitez pas forcement de faire la connaissance de nouvelles personnes, mais être entouré de vos amis intimes vous procure plaisir et force. « Maintenant, j'ai dix personnes qui travaillent pour moi et chacune d'elle est une très bonne amie. »

- **Responsabilité** : dès que vous avez pris un engagement, quelle que soit son importance, vous vous sentez moralement tenu de le respecter. « Je me suis toujours proposé volontaire pour tout. Je réalise aujourd'hui que je ne peux pas être responsable de tout ce qui se passe sur terre. »

Les 10 points clés pour réussir

Aujourd'hui, votre réseau est votre terre d'abondance, votre capital le plus précieux.

Voici 10 clés pour réussir votre réseau de contacts entre personnes :

- Savoir demander.
- Oser exprimer un besoin.
- Poser des questions.
- Donner avant de recevoir.
- S'ouvrir aux liens faibles.
- Choisir ses réseaux en fonction d'un objectif.
- Être systématique.
- Comprendre qu'un NON est le début d'un OUI.
- Écouter et encore écouter.
- Développer sa réceptivité.

Savoir demander

Avez-vous déjà suivi un cours sur comment demander ? Un tel cours n'existe pas et pourtant, c'est une des choses les plus utiles à connaître.

Exemple : « Peux-tu pendant les vacances venir relever mon courrier ? » La personne à laquelle vous adressez cette demande se trouve en face d'un choix cornélien, répondre par OUI ou NON. De plus vous la mettez dans l'embarras de ne pas vous décevoir. Comment reformuler cette demande pour obtenir une réponse satisfaisante pour les deux parties, sans gêne d'aucune sorte ?

Élargir le champ des possibles.

La question magique, peut-être la chose la plus importante à retenir de ce livre, c'est « Connaîtrais-tu quelqu'un qui ? ». « Connaîtrais-tu quelqu'un dans le quartier de la Servette à Genève qui puisse venir relever mon courrier les dix premiers jours de septembre ? » En formulant votre question de la sorte, vous ne vous adressez pas seulement à une personne, mais aux cent cinquante à deux cent cinquante contacts que toute personne active professionnellement connaît. Vous élargissez le champ des possibles.

Oser exprimer un besoin

Lisa Fecteau résume bien cet enjeu capital. Cheffe d'entreprise québécoise, Lisa Fecteau est la première femme à être devenue présidente du Groupement des chefs d'entreprise du Québec. Son entreprise compte cent cinquante collaborateurs répartis dans trois usines au Canada et aux États-Unis. Lorsqu'on lui demande quelle est sa définition de l'entraide, elle répond sans hésiter : « C'est d'abord et avant tout ressentir un besoin, être capable de l'exprimer, de le partager et d'avoir un retour là-dessus, pour ensuite être capable d'agir. **Il n'y a pas d'entraide si tu n'exprimes pas un besoin. Et cela fonctionne dans tous les sens. En écoutant les problématiques des autres, tu peux aussi avoir des réponses à tes questions.** »

« Savoir ce que l'on veut et que l'on veut quelque chose » disait Nietzsche. Lorsque certains se plaignent que le réseautage ne leur apporte rien, posez-leur la question de savoir s'ils ont pensé à exprimer leurs besoins ? Lise Cardinal aime répéter qu'il n'y a que dans les romans que l'on sait ce qui se passe dans la tête du héros. Dans la vie réelle, si vous n'exprimez pas ce que vous ressentez, votre besoin, votre inconfort, il y a zéro chance pour que la personne en face de vous le devine. Et cela vaut autant sur le plan personnel que professionnel.

Bon à savoir

On peut rappeler *Les quatre Accords toltèques*, un livre de Don Miguel Ruiz, aussi édité aux éditions Jouvence :

1. QUE VOTRE PAROLE SOIT IMPECCABLE
Parlez avec intégrité, ne dites que ce que vous pensez. N'utilisez pas la parole contre vous-même, ni pour médire sur autrui.

2. NE RÉAGISSEZ À RIEN DE FACON PERSONNELLE
Ce que les autres disent et font n'est qu'une projection de leur propre réalité, de leur rêve. Lorsque vous êtes immunisé contre cela, vous n'êtes plus victime de souffrances inutiles.

3. NE FAITES AUCUNE SUPPOSITION
Ayez le courage de poser des questions et d'exprimer vos vrais désirs. Communiquez clairement avec les autres pour éviter tristesse, malentendus et drames. À lui seul cet accord peut transformer votre vie.

4. FAITES TOUJOURS DE VOTRE MIEUX
Votre mieux change d'instant en instant, quelle que soient les circonstances, faites simplement de votre mieux et vous éviterez de vous juger, de vous culpabiliser et d'avoir des regrets.

Poser des questions

Toute question est bonne à dire. La seule question stupide est celle que l'on n'a pas posée. Les plus naïves sont souvent les meilleures car elles viennent alors questionner des croyances, des schémas que l'habitude a fait prendre pour acquis. En posant des questions, il est rare d'importuner son interlocuteur. Au contraire, vous le faites progresser.

Éviter les sujets tels que le sport ou le temps qu'il fait. Poser des questions sur le parcours professionnel de la personne et sur son secteur d'activité. Vous allez ainsi apprendre beaucoup de choses. Par exemple : « Pourquoi vous êtes-vous lancé dans ce secteur ? », « Comment êtes-vous devenu entrepreneur, fonctionnaire, etc... ? », « Quels sont vos plus grands succès, échecs ? », « Avez-vous des rêves non encore accomplis ? ». La liste est infinie.

Patrick Delarive, financier et fondateur du groupe Delarive l'a bien compris. Il écrit régulièrement des portraits dans le magazine économique *Bilan* en posant des questions aux personnes rencontrées. Il en a une cinquantaine en stock et les choisit en fonction de la personnalité en face de lui. Par exemple : votre plus grande peur, votre citation préférée, votre plus grande dépense, votre plus grand coup de bluff, etc.

Zoom

Albert Einstein disait : « Si je disposais d'une heure pour résoudre un problème et que ma vie en dépende, je conscrerais les 55 premières minutes à définir la question appropriée à poser, car une fois cela fait, je pourrais résoudre le problème en moins de 5 minutes. »

Le défi est de devenir un fin Sherlock Holmes, doublé d'un sensible commissaire Maigret. Poser des questions est tout un art. Et comme pour le réseautage, cette compétence s'aiguise en pratiquant, au quotidien.

Donner avant de recevoir

Si quelqu'un vient dans un réseau dans le but uniquement de prendre et d'y faire des affaires, il perd son temps et le vôtre. Pour éviter les comportements opportunistes, pas besoin de règlement. Les gens se discriminent et s'excluent d'eux-mêmes. Avez-vous déjà connu des gens qui ne vous appellent que pour vous demander de leur rendre service. Un jour, on finit pas dire non.

En 1998, au tout début du réseau social Rezonance, je me souviens de la question d'un grand patron de presse : « Si n'importe qui peut rejoindre ce réseau, vous n'avez pas peur de tous ceux qui vont venir pour profiter ? Quel règlement allez-vous mettre en place ? » À ce jour, aucun règlement n'a été mis en place et aucun abus constaté. La police se fait par la communauté elle-même par un effet d'autorégulation.

Lise Cardinal aime la métaphore du réseau et de la carte bancaire. Si vous n'avez pas approvisionné votre compte, comment voulez-vous faire un retrait ? Autre point important, lorsque l'on donne, il est important de ne rien attendre en retour. Si non, l'ulcère à l'estomac est garanti.

Alexandra déménage. Elle demande à son réseau de l'aider à retaper sa cuisine. À son grand étonnement des gens passent plusieurs jours à peindre et poser la nouvelle cuisine. Lorsqu'elle demande comment elle peut les remercier, ceux-ci répondent : « Un jour, tu auras l'occasion de rendre la pareille à quelqu'un d'autre. » Cette histoire illustre parfaitement cette attitude de donner sans attendre en retour. Les Québécois ont une expression pour cela : payer au suivant.

S'ouvrir aux liens faibles

Liens forts et liens faibles.

Dans un réseau, on ne sait jamais quand et par qui on reçoit. On a tendance à surestimer les liens dits « forts », soit la famille et les amis (relations soutenues et fréquentes). Pourtant, de nombreuses choses nous arrivent dans la vie par des liens dits « faibles », soit par des gens rencontrés brièvement ou avec lesquels nous ne sommes que sporadiquement en contact (simples connaissances).

Mark Granovetter est un sociologue américain de l'université Stanford, considéré comme l'un des principaux représentants de la sociologie des réseaux sociaux.

Son apport à la recherche le plus connu concerne la diffusion de l'information dans une communauté : sa théorie est connue sous le nom de la « force des liens faibles » (*Strength of weak ties*, 1973).

Voici ce qu'en dit wikipedia : « Cet article de 1973 sur la "force des liens faibles" est l'un des plus cités de la littérature sociologique. Pour Granovetter, un réseau se compose de liens forts et de liens faibles. Les liens faibles sont dits "forts" dans la mesure où, s'ils sont diversifiés, ils permettent de pénétrer d'autres réseaux sociaux que ceux constitués par les liens forts. »

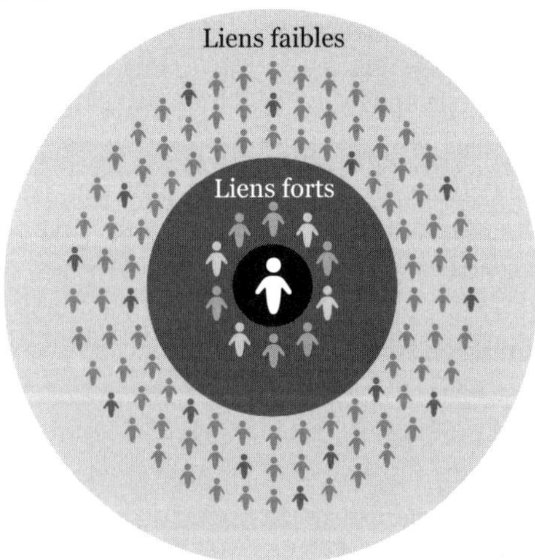

Pour illustrer son propos, Granovetter prend l'exemple d'un chercheur d'emploi. Celui qui ne cherche un emploi qu'à partir de ses liens forts aura moins de chances de trouver un emploi que celui qui fait appel à la fois à ses liens forts et à ses liens faibles. Hervé Boemmelar a cette formule : « Chercher un emploi sans utiliser toutes les possibilités de son réseau c'est comme conduire sur l'autoroute à 20 km/heure alors que tout le monde roule à 120 km/heure. »

Pour aller plus loin

En 1985, dans son article *Economic Action and Social Structure: The Problem of Embeddedness,* Granovetter donne naissance à la nouvelle sociologie économique en distinguant deux sortes « d'encastrement » (comme le mot *empowerment,* le mot *embeddedness* est difficilement traduisible en français) :

1. L'encastrement relationnel (les relations personnelles qui influencent l'action).
2. L'encastrement structural (qui renvoie plus largement aux réseaux auxquels l'acteur prend part).

Ce sont ces deux formes d'encastrement qui assurent la continuité des relations entre les individus en leur permettant d'acquérir un socle social commun.

Choisir ses réseaux en fonction d'un objectif

Selon Sénèque, « il n'y a pas de bon vent pour celui qui ne sait pas où il va ». Pour mettre du vent dans ses voiles, il s'agit d'avoir un objectif défini.

Votre réseau est constitué de toutes les personnes que vous connaissez. Vous pouvez augmenter la voilure en rejoignant des réseaux déjà existants. La Suisse est un pays où il existe un nombre impressionnant d'associations, comme autant d'occasions d'y exercer ses capacités relationnelles. Si vous vous engagez, il est important de s'impliquer dans le comité à un moment donné. Payer sa cotisation et participer une fois par an à l'assemblée générale ne peut que créer de la frustration.

Lorsque vous inventoriez votre réseau, faites aussi la liste de toutes les associations dont vous faites déjà partie. Ensuite mettez par écrit vos objectifs à court, moyen et long terme. Finalement, faites le bilan de vos participations actuelles et potentielles et décidez d'adhérer ou de vous retirer. Ces réseaux peuvent être de toute sorte : professionnels, sociaux, etc.

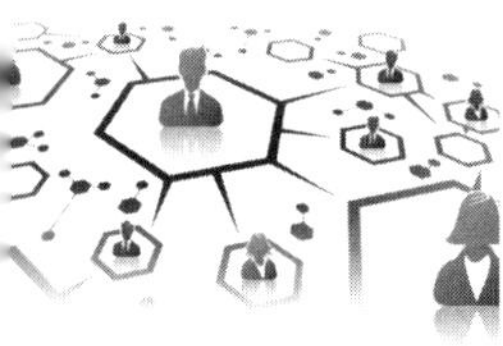

Cela fait quinze ans que je demande aux gens de quels réseaux et associations ils font partie, et je découvre à chaque fois des univers intéressants et insoupçonnés. Avec Internet, les réseaux deviennent de moins en moins formels et il est bon d'inclure dans votre analyse les groupes de discussion dont vous faites partie.

Dans sa chronique régulière sur le site de Lisecardinal.com, Fernande Turgeon, coach et associée principale de Lise Cardinal et associés, partagent ses réflexions sur réseauter pour faire quoi, exactement? Et réseauter pour qui, en fin de compte?

Zoom

En termes de type de réseau à joindre, Fernande Turgeon recommande de considérer quatre éléments majeurs:

1. Objectifs des réseaux en fonction de leur structure, leur mode de fonctionnement et leur type d'échanges
Sur un continuum, on distingue deux grands types de réseau, soit les réseaux « hiérarchisés » tels que ceux de certains ordres et associations professionnelles, et les réseaux « organiques », comme les réseaux sociaux.

2. Mode de sélection des membres
Dans certains réseaux, les membres sont triés sur le volet (ex. : les clubs privés), alors que d'autres se contentent du plus strict minimum en terme de sélection (ex. : Facebook).

3. Concurrence ou non entre les membres
Plusieurs réseaux adoptent de plus en plus une approche mixte. Il peut y avoir concurrence entre les membres inscrits. Toutefois, pour certaines activités telles que les groupes de soutien, de mentorat, de dépistage de talents ou de développement d'offres conjointes de service, la non-concurrence entre les membres est garantie.

4. Moyens et outils mis à la disposition des membres
Certains réseaux avant-gardistes adoptent ou conçoivent des outils pour permettre à leurs membres de mieux interagir et d'obtenir des résultats concrets en fonction de leurs objectifs.

Être systématique

Il s'agit aussi de mettre en place une systématique, de gravir la montagne jusqu'au point de bascule en étant organisé et en faisant preuve d'une certaine discipline. Donner du rythme à vos interactions : par exemple tous les 10 du mois, tous les jeudis, etc.

L'effet réseau.

Il y a trois ans, pour faire face à de nombreuses demandes de rendez-vous, j'ai décidé de mutualiser mes contacts. Encore fallait-il trouver une forme à cette intuition de départ. Aujourd'hui, les personnes qui souhaitent me rencontrer savent que je participe au Piknik de la Muse, tous les lundis de 12 heures à 14 heures à Muse Genève et tous les mardis midi à Muse Lausanne. Sans publicité, ces rendez-vous réunissent chaque fois une quinzaine de personnes, soit près de 100 personnes chaque année. Les gens pique-niquent informellement de 12 heures à 12 h 30. Ensuite, de 12 h 30 à 13 h 30, on procède à un tour de table et chaque personne présente son projet et exprime ses besoins. Et l'effet réseau et entraide de fonctionner immédiatement. De 13 h 30 à 14 heures, les gens boivent un café en échangeant contacts, expériences et meilleures pratiques.

Zoom

Pour en savoir plus sur le coworking, les espaces Muse et les Piknik www.la-muse.ch

Témoignages

Lorsque je demande à Bruno Giussani, un journaliste tessinois organisateur du Forum des 100 et de TED Europe, comment il maintient les liens avec son réseau, il répond : « Je n'ai pas le temps de prendre du temps pour cela. Par contre, dès que quelqu'un me demande une mise en contact, je réponds favorablement. »

Là encore la bonne pratique est celle avec laquelle vous êtes confortable.

Comprendre qu'un NON est le début d'un OUI

Connaissez-vous la règle des 85/5 ? Dans 85 % des cas, il faut cinq rencontres avant qu'un projet, une embauche, une action commune se concrétise entre deux personnes ou un groupe de personnes.

Trop de gens se découragent après avoir reçu un NON. On peut apprendre beaucoup d'un NON. Par exemple appeler les ressources humaines de l'entreprise pour comprendre pourquoi on n'a pas été retenu, etc.

Autrefois ce qui était important c'était ce QUE tu connais, ensuite QUI tu connais, et aujourd'hui qui TE connaît aime répéter Lise Cardinal et son équipe de formateurs en réflexe réseau.

L'important aujourd'hui est d'être visible dans le réseau aussi bien physique que virtuel. Il ne faut jamais oublier que l'on achète d'abord la personne, ensuite le produit ou le service.

Écouter et encore écouter

On n'écoute jamais assez. Qui n'a pas souvenir de réunions où fleurissent les discours d'autorité, où la parole péremptoire est accaparée par le supérieur hiérarchique ou les verbomoteurs ? Interrogé sur les tendances actuelles, Bruno Savoyat, auteur de référence en matière d'organisation partage son expérience récente : « Lorsque j'anime un groupe, je demande aux participants de s'écouter les uns les autres, à tour de rôle, sans répliquer. C'est très difficile pour les gens. »

C'est souvent après un silence, qui peut être long, que les vraies choses s'expriment enfin. Parce que les évidences des uns ne sont pas les évidences des autres, l'écoute s'impose, et son corollaire : poser des questions dans la bienveillance et le non jugement. Si un groupe ne fonctionne pas, la première chose à vérifier est de savoir si une culture de l'écoute s'est véritablement

Bon à savoir

Pour écouter, il faut commencer par se taire. Or en réunion, les interruptions sont la règle, au lieu d'être l'exception. Voici 10 façons d'empêcher l'écoute de s'installer lorsque pendant la réunion :

- les gens surenchérissent,
- expriment leurs opinions,
- partagent leur vécu (moi aussi...),
- se comparent (comme a dit X, au contraire de Y...),
- consolent la personne qui s'exprime (je connais quelqu'un qui comme toi...),
- se laissent envahir par les émotions des autres,
- donnent des conseils (y'a qu'à, tu devrais...),
- n'écoutent pas jusqu'au bout,
- s'échappent dans d'autres pensées,
- rient et font de l'humour hors de propos.

installée. Il est possible de « descendre en profondeur » dans l'écoute.

Une femme écrivain vient de recevoir un prix littéraire. Elle est invitée à un dîner. Elle a l'habitude des discours en public et les gens apprécient sa brillante conversation. Toutefois ce soir-là elle veut faire une expérience, celle de se taire pour véritablement écouter pendant toute la soirée. Les retours qu'elle obtient sont étonnants. On ne l'a jamais autant complimentée. Et elle n'a jamais autant appris.

L'« écoute active » est une notion souvent galvaudée. Il ne suffit pas d'écouter en silence les propos dit par son interlocuteur en hochant la tête de temps en temps en murmurant « Hum, hum » en signe d'encouragement à poursuivre. Il manque la portion « active » de l'exercice. Celle-ci consiste à effectivement écouter en démontrant des signes concrets d'intérêt, de regarder son interlocuteur, de prendre intérêt à son propos de manière à être capable de le résumer succinctement dans ses propres mots.

Développer sa réceptivité

Michel Bernard est coach et formateur à Montpellier, spécialisé dans le sport. Il parle si bien de la réceptivité telle que développée par le fameux médecin suisse Vittoz que je préfère reproduire le billet de son blog en intégralité, en espérant respecter ainsi son droit de citation.

« Un jour, un grand savant occidental, déjà très réputé pour ses travaux scientifiques sur le bonheur, apprit qu'il y avait en Inde un sage tellement reconnu que les personnes accouraient de partout, uniquement pour le rencontrer et repartaient souvent avec un cri du cœur : “Qu'est ce qu'il m'a appris ! J'ai plus appris à son contact que durant toute ma vie !”

Très intrigué par ce charisme, le grand savant décida de le rencontrer. Sur place, le sage laissa le grand savant se présenter, parler de ses diplômes, de ses publications, de ses conférences à succès, puis il l'invita à prendre une tasse de thé. Alors qu'il versait le thé dans sa tasse, le savant embarqué dans sa démonstration verbale, continuait à parler de lui. Le sage, lui, l'écoutait simplement d'une oreille bienveillante, tout en continuant à verser le thé qui finit par déborder la tasse. Tout à coup, le savant découvrant, au milieu d'une phrase, ce débordement, s'arrête net et lui demande sur un ton de reproche : "Mais, qu'est ce que vous faites ? Vous ne voyez pas que ma tasse déborde !"

Alors, le regardant au fond des yeux, le vieux sage reposa la théière et lui dit, sur un ton calme et un peu malicieux :

"Cette tasse débordante vous ressemble beaucoup. Elle est pleine et elle ne peut plus rien recevoir."

Quelques jours plus tard, la presse internationale se fit l'écho d'un grand savant qui avait décidé de prendre une année sabbatique dans sa recherche pour se consacrer à une tâche qu'il n'a pas voulu préciser. »

Cette petite histoire me rappelle aussi la théorie du docteur suisse Vittoz du début du XXe siècle qui mit au point une méthode dite « méthode Vittoz » encore enseignée aujourd'hui pour apprendre à réguler l'activité du cerveau. Il distingue deux facettes : l'émissivité et la réceptivité.

Le cerveau est émissif quand nous émettons des pensées, des raisonnements, bref quand il produit de l'activité. Cette compétence est largement développée par le système d'apprentissage scolaire. L'autre facette est la réceptivité, c'est la faculté de notre cerveau de se mettre en écoute de son environnement intérieur et extérieur. J'entends ce qui remue au fond de moi, mes émotions, mes états d'âme et j'entends aussi la pluie qui tombe, le bruit de mes pas dans la neige, le silence d'une forêt de sapins... Cet état nous a rarement été enseigné dans notre jeunesse sauf à prendre des cours de méditation, de technique d'accueil de soi comme le zen ou le yoga.

Revenons à notre sage de l'Inde et notre savant occidental. Qu'est ce qui les différencie ?

Et bien, notre savant reste enfermé dans la sphère de l'émissivité croyant que parler, parler le fait exister et reconnaître alors que le sage a appris à exister dans l'accueil bienveillant et l'écoute du cœur.

Il ne s'agit pas, dans mon propos, de juger l'émissivité comme négative, elle a toute sa place dans notre vie sociale. La question est : « Comment j'équilibre dans ma vie quotidienne mon émissivité et ma réceptivité ? » Suis-je tendance « émissif(ve) » ou « réceptif(ve) » ?

Regardez la tasse de thé que l'on vous sert... et vous saurez !

3. *De la créativité*

Michel Sintes

Idée

Objectif

Émotion

«Un pessimiste voit la difficulté dans chaque opportunité, un optimiste voit l'opportunité dans chaque difficulté.»

Winston Churchill

Les 5 roues de la créativité

La créativité est une dynamique.

J'ai découvert que la créativité ressemble à un processus précis qui met en action le potentiel et la dynamique humaine dans une relation à soi et aux autres. C'est avant tout une notion de mise en mouvement des choses, dans la nature et dans notre biologie tout est en mouvement, nous sommes en permanence dans des cycles de vie, par exemple le système respiratoire, le système digestif, l'intelligence émotionnel... Tout à l'intérieur de nous et dans la relation avec l'environnement immédiat est en perpétuel transformation. De par l'éducation la plupart des gens voient les choses statiques, de manière presque immuable et répétitive, comme une routine sans fin !

La créativité est une dynamique, un ajustement permanent, un équilibre constant construit d'une multitude de déséquilibres additionnés les uns aux autres comme le mouvement de la marche avec nos pieds. Lorsque j'étais encore ingénieur en mouvement d'horlogerie, sur le magnifique projet de la Daytona Rolex, j'ai perçu cette notion que la plupart de ce qui vit peut être comparé à un mécanisme d'horlogerie en mouvement avec une précision qui vise l'excellence.

Ainsi je vous propose la vision qui m'a paru évidente et que j'ai adoptée. Elle m'a permis de réussir des projets innovants dans les entreprises, c'est un modèle basé sur les quatre principales fonctions de notre cerveau : le cerveau droit créatif, le cerveau gauche rationnel, le cerveau limbique ou l'intelligence émotionnel et le cerveau reptilien la structure et l'action. Et enfin le résultat, aboutissement du processus, dépend de la qualité des étapes précédentes.

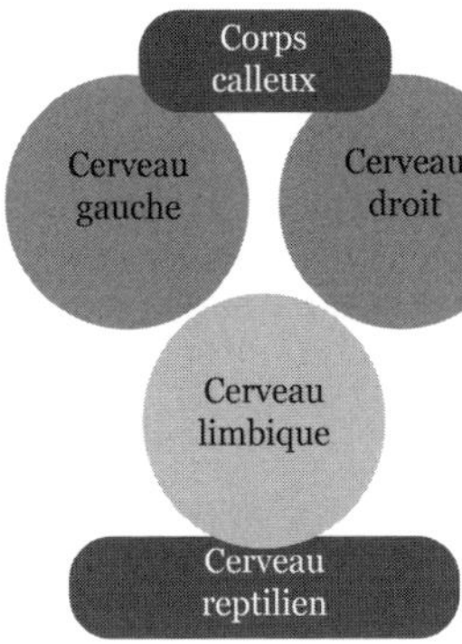

Schéma simplifié des quatre parties du cerveau

Dans le langage courant la « créativité » désigne la capacité à produire des réalisations artistiques, telles que peinture, sculpture, etc. Dans ce cas, la créativité est l'aboutissement d'un travail manuel par lequel se crée une sculpture, un tableau, une forme qui n'existait pas et qui devient tout à coup quelque chose d'unique, née des mains de l'artiste. La notion de créativité sous-tend la réalisation de quelque chose d'unique, de nouveau et d'original qui tend vers une certaine beauté, voire vers l'excellence.

Dans le domaine industriel, la créativité est assimilée à des techniques et des modes de fonctionnement qui permettent d'être le plus innovant possible pour créer de nouveaux produits.

Cette créativité, d'où vient-elle ? Découle-t-elle de notre détermination ? De la poursuite d'un objectif ? Du fruit du hasard ? Ou de quelque chose qui nous dépasse ? Pourquoi les hommes sont-ils toujours à la recherche de cette créativité ? Pourquoi veulent-ils toujours innover, faire mieux, apporter de nouvelles idées ?

La créativité relève plus d'un processus de fonctionnement de l'être humain que d'une méthode. En effet, ce processus conditionne la manière dont l'individu est en relation avec son environnement. En réalité, qu'est-ce qui nous fait penser que des méthodes, des techniques ou des savoir-faire seront adaptés et favoriseront la créativité ? Chacun a pu expérimenter qu'il est important d'avoir des conditions et des attitudes particulières pour que la créativité naisse. Il ne s'agit pas de l'effet du hasard mais plutôt de la capacité de notre cerveau à créer spontanément des idées nouvelles en rapport avec nos objectifs.

Nous constatons que des conditions de détente, un climat de confiance, un travail de recherche sous forme de jeux, et un comportement émotionnel positif favorisent l'apparition de l'étincelle géniale. Lorsque dans notre vie, nous travaillons au maximum de tous nos potentiels intellectuels, émotionnels et comportementaux, nous réalisons des choses exceptionnelles.

Faire apparaître l'étincelle.

Le processus créatif

La notion de processus est liée au modèle humain, l'homme possédant des cycles de fonctionnement qui sont identiques au processus de créativité (système respiratoire, émotionnel, de procréation, digestif, etc.). Prenons par exemple le fonctionnement de notre cerveau, celui-ci étant composé de quatre secteurs déterminants : le cerveau droit, le cerveau gauche, le cerveau limbique et le cerveau reptilien. Chacun d'entre eux accomplit une partie du processus de créativité qui débute par l'apparition d'une idée ou d'une intention, passe par la conceptualisation de cette même idée, la motivation ou le ressenti émotionnel, puis par la mise en action pour permettre la réalisation concrète de l'idée. Si nous travaillons de manière intelligente chacune de ces étapes, nous pouvons aboutir à des résultats exceptionnels. Ce cycle de créativité est un processus perpétuellement en mouvement dans tous les actes de notre vie. C'est une Gestalt avec un début et une fin ou le mouvement ne devrait jamais s'interrompre. Tout suit ce processus dans la vie, chaque situation, même la gestion de projet en entreprise !

Le saviez-vous ?

La Gestalt fut créée par Fritz Perls, un psychiatre et psychanalyste allemand, émigré en Afrique du Sud puis aux États-Unis.

La Gestalt-thérapie se situe dans une optique dynamique. Elle s'intéresse au « processus », à l'ajustement permanent entre un individu et son environnement. Cet ajustement est par définition créatif et en perpétuel changement.

La notion de frontière-contact représente le point de rencontre, ce qui se passe à ce moment en tant que processus et ressentis.

La notion de Gestalt inachevée est un processus de mise en mouvement de l'acte créatif qui ne se finalise pas, il reste non abouti et donc créer un état de tension. Une Gestalt achevée est une rencontre qui va au bout de l'intention créative qui a initié le mouvement et se termine par la réalisation concrète et satisfaisante de cette co-création initié par les deux personnes.

Exemple d'un projet d'entreprise : des problèmes techniques persistaient sur le fonctionnement d'un produit, un groupe de travail d'une dizaine d'ingénieurs a été constitué, ils ont élaboré un plan d'action sur plusieurs jours pendant lesquels a été mené une réflexion et un travail suivant la logique du processus de créativité avec des exercices d'animation dans un climat positif. Le résultat fut qu'au bout de quelques jours des idées innovantes ont permis de dépasser les problèmes techniques.

Cette approche peut également être utilisée par exemple dans l'accompagnement d'équipe, dans le coaching individuel et dans la gestion de santé. Sur le schéma, les cinq étapes de la créativité sont :

- L'idée/l'intention,
- La pensée,
- L'émotionnel,
- Le comportement,
- Le résultat.

Dans les paragraphes suivants, nous développerons chaque étape du processus.

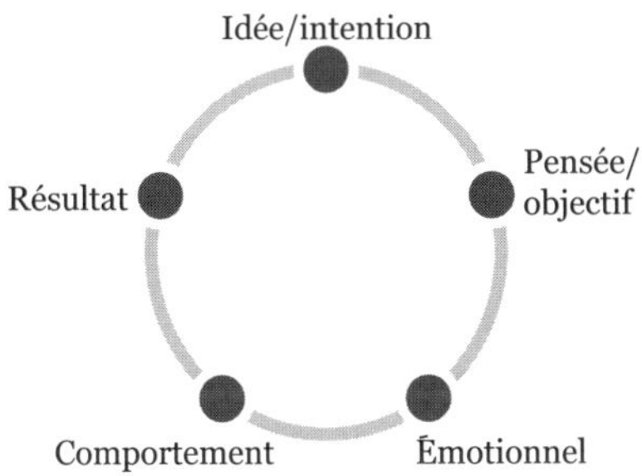

Le cycle de créativité

L'idée/l'intention

Cette logique du processus créatif est la représentation du fonctionnement de notre cerveau. L'hémisphère droit, siège de l'imagination et de notre aspect féminin, est le générateur de nos idées, de nos intentions et également de notre capacité créative. C'est de cette partie qu'émanent nos idées nouvelles, nos intentions dans un domaine de notre vie. Cela se transforme en besoin ou désir à réaliser.

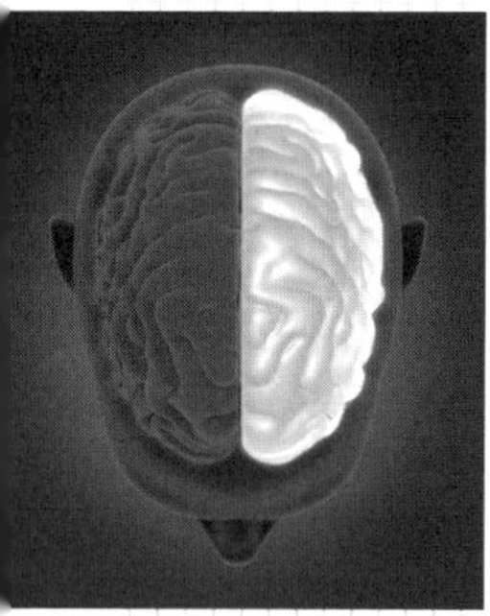

C'est notre capacité à jouer, à laisser libre cours à ce qui vient, qui favorise l'émergence d'idée nouvelle. Savoir prendre le temps d'être dans des phases de recul face à un objectif, savoir faire le vide dans notre tête et aborder les situations en état de détente, nous met en position d'ouverture et d'écoute.

Pensée, objectif

Puis notre cerveau gauche, responsable de notre aspect masculin, prend le relais et commence un travail d'architecture de l'objectif, une étape de conceptualisation qui permet d'aller dans le détail, de définir les choses plus précisément. Tout notre potentiel intellectuel se met en action en tenant compte de nos compétences et de notre histoire, de notre mémoire qui capitalise nos bonnes et mauvaises expériences. C'est la somme de toutes ces données qui permet au cerveau gauche d'aiguiller dans une direction plutôt qu'une autre. Ce sont nos expériences vécues et notre savoir appris qui déterminent la capacité à conceptualiser. Cette réflexion permet de dégager des objectifs, des choix dans nos pensées. La clarté de nos choix permet qu'une action projetée, un objectif ou un besoin soient déclencheurs de l'étape suivante et nous amènent à la mise en action.

Le processus n'est évidemment pas aussi séquentiel, nos deux parties cérébrales cheminant simultanément, toutes les connexions et les fonctions sont activées en permanence.

Se mettre en position d'ouverture.

Émotionnel

La phase émotionnelle est la plus négligée dans les techniques de créativité et dans notre vie quotidienne, et pourtant elle est d'une importance capitale. Sans elle, il ne se passe rien. Cette phase gère nos ressentis et déclenche nos réactions émotionnelles face à nos propres idées. Vous est-il déjà arrivé d'avoir soudainement une idée géniale?

À ce moment-là, que ressentez vous ? De l'excitation, de la joie ou un sentiment d'euphorie ! C'est en général un moment très agréable où tout nous paraît possible, parce que cela ouvre réellement des portes, des possibilités énormes s'offrent à nous. Il y a prise de conscience d'une énergie positive qui nous pousse à la réalisation de notre projet, comme si l'émotionnel faisait démarrer le moteur qui nous permet de mettre le corps en mouvement et d'avancer vers la concrétisation.

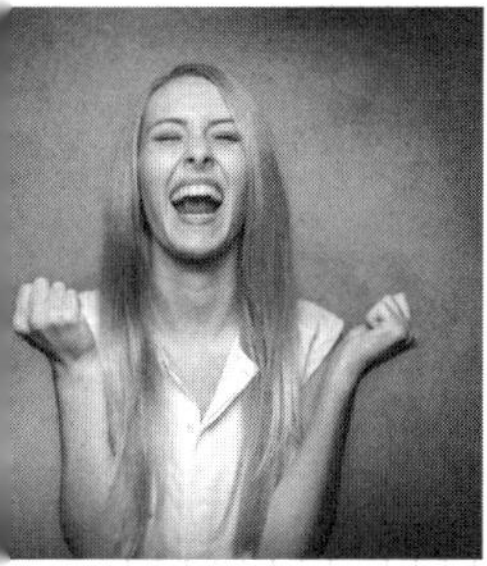

Notre aspect émotionnel réagit également à nos pensées. La manière dont nous envisageons la vie ou notre réalité de tous les jours, de façon positive ou négative, génère différents états émotionnels. Prendre conscience de cet état de fait est déterminant pour la prise de responsabilité que nous avons dans la gestion de notre vie quotidienne. En effet, c'est la capacité à gérer nos différents états d'être qui détermine la qualité de nos résultats, nous avons le potentiel pour le faire et c'est de notre entière responsabilité.

Nos comportements et nos résultats sont également déterminants, nous pouvons être heureux ou fiers d'une action entreprise ou au contraire déprimés par un échec, avoir à un moment de notre vie honte d'un comportement vécu dans des circonstances particulières et que l'on regrette sincèrement. Chaque pensée ou chaque acte personnel est coloré d'une réaction émotionnelle qui permet de prendre la température de la situation, de là où nous en sommes personnellement dans un instant donné. C'est une capacité fabuleuse qui nous permet de modifier une situation engendrée par nous-mêmes, en nous recentrant par rapport à nos valeurs et à notre vérité intérieure.

L'émotionnel réagit aussi et surtout à l'environnement, entre autres, aux relations entretenues dans notre vie professionnelle, dans notre vie affective ou dans nos loisirs. Les événements de l'actualité et les situations imprévues de la vie de tous les jours ont un impact important sur notre réalité et déclenchent des réactions émotionnelles pouvant faire apparaître des peurs, de la colère ou de la joie. Ces réactions sont l'interprétation de notre positionnement personnel en fonction de notre passé, de nos expériences vécues plus ou moins bien réussies et de nos projections dans nos aspirations futures en terme de besoins ou de projets à satisfaire.

Zoom

En réalité, notre émotionnel est un magnifique indicateur qui nous positionne face à un événement. C'est en quelque sorte notre boussole, elle indique ce qui est faste ou néfaste et permet d'être conscient et d'éviter les égarements de la vie.

L'importance de l'émotionnel.

L'émotionnel contribue à faire des choix, en optant pour ce qui est favorable, dans notre intérêt et dans le respect des autres. Il fait prendre les bonnes décisions dans les choix professionnels ou dans la conduite d'un projet que l'on initie ou auquel on participe. Sans ce potentiel, nous serions perdus dans la vie, sans aucun moyen pour se repérer. Nos décisions importantes seraient le fruit d'une unique réflexion mentale, froide, qui pourrait nous mener dans des situations conflictuelles ou vers des échecs cuisants.

Comportement

Nos motivations dans tous les secteurs de notre vie, autant professionnel, qu'affectif, dans nos loisirs ou nos relations quotidiennes, sont conditionnées par notre état émotionnel. Cet état d'être à chaque moment régule notre motivation qui est le libérateur d'énergie que nous sommes capables d'enclencher dans une action déterminée. Les conséquences de cet état influencent directement nos comportements et nos attitudes, et teintent la manière dont nous allons mener nos actions.

Les gestes mis en œuvre en vue de réaliser une action dépendent de nos expériences pratiques, de nos compétences, de la somme du savoir expérimental accumulé au cours de notre vie. La qualité de notre intervention détermine la qualité du résultat.

Cette étape est déterminante, car elle est la charnière entre l'émotionnel et le résultat, c'est une étape de réalisation, de mise en action concrète d'une idée ou d'un produit. L'homme façonne la matière en vue d'un résultat, c'est une étape de transformation.

Résultat

Qu'est-ce qu'un résultat? Produit ou objet, il est la finalité d'un objectif. Le plus généralement, il est concret et mesurable. C'est l'aboutissement de tout un processus qui commence à la naissance d'un besoin et finit à la satisfaction de ce même besoin. Ce produit est le résultat de la totalité des étapes depuis l'apparition de l'idée jusqu'à sa concrétisation.

Toutes les étapes de ce processus constituent le cycle de créativité globale de l'être humain. Pourquoi globale? Car chacune de ces étapes contient également un cycle de créativité unique et spécifique à chaque niveau, appelé « mini cycle » et décrit plus loin.

La façon de respecter ce processus dans son déroulement, dans la prise de conscience de chacune de ses étapes et de sa logique propre fait qu'en termes de résultat obtenu, on peut atteindre le succès ou l'échec. La totalité de ce déroulement se mesure en termes de qualité par des indicateurs de réussite qui permettent d'aborder la créativité avec une notion d'excellence.

Si l'on compare ce processus à une chaîne logique et ininterrompue, fermée sur elle-même, la solidité de cette chaîne correspond à la valeur du maillon le plus faible. En clair, c'est la valeur du maillon faible qui donne la valeur du résultat et donc de l'ensemble. D'où l'importance de considérer tous les maillons avec le même intérêt. Indépendamment de cette logique, il est important de remarquer que chacune de ces étapes est influencée par les autres. Prenons par exemple le résultat. Il paraît évident que la valeur de l'idée, la manière de conceptualiser, l'état émotionnel qui conditionne notre motivation, ou nos comportements et actions influencent directement les chances de succès de notre résultat. Mais cela fonctionne dans tous les sens. Un mauvais résultat influence nos pensées, la vision que nous avons de nous-mêmes, ou nous met dans un état émotionnel négatif, qui conditionne négativement le prochain résultat.

L'ensemble est systémique, chacun des éléments est fondamental pour les autres, toutes les étapes sont de même importance. Que ce soient notre pensée intellectuelle ou nos réactions émotionnelles, notre capacité à lâcher prise ou la justesse de nos comportements, toutes contribuent de manière complémentaire et en solidarité à la richesse de notre réussite, comme si une toile d'araignée reliait tous les points de ce schéma, et que la perfection de cette toile nous guidait vers la performance.

À retenir

La qualité du résultat qui dépend de votre niveau de créativité détermine directement le niveau des échanges que vous avez avec les autres, la société et votre entreprise.

Le résultat est ce que vous offrez à la société, c'est « l'acte de donner », le retour ou « le recevoir » se matérialise souvent par des finances, de la reconnaissance ou autres...

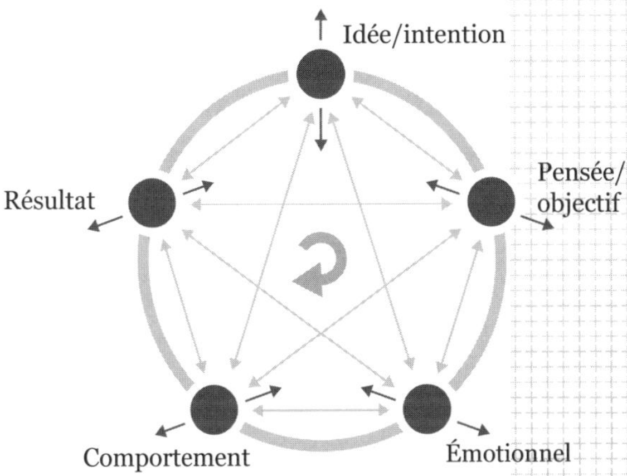

La toile de la performance

Mini-cycle de créativité

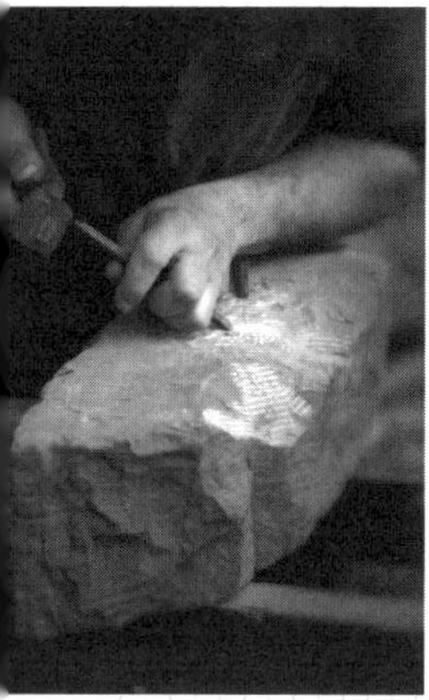

Chacun de ces mini-cycles représente un processus de créativité pour lui-même. C'est pour cela qu'il est important d'en comprendre les étapes afin de prendre conscience des points à améliorer et à faire évoluer par un processus de transformation ou de changement.

Le cycle de créativité est un processus de transformation entre une partie consciente détenant une intention et une autre partie, inconsciente celle-ci, qui est la matière de base devant subir la transformation.

Un sculpteur a l'intention ou l'idée de réaliser un chef d'œuvre. La matière, la pierre par exemple, qui est la partie inconsciente, va être taillée en vue de se transformer de l'état de simple caillou à celui d'objet de valeur. L'action de transformation, considérée comme du travail, apporte une grande valeur ajoutée à l'objet du départ. Plus la valeur obtenue sera grande, voire exceptionnelle, plus on parlera d'une grande créativité. Cette réalisation apparaît comme un objet nouveau et unique n'ayant pas d'antécédent et étant le résultat d'une intention particulière réalisée par un être conscient sur une matière inconsciente.

La créativité se caractérise toujours par son côté unique, c'est ce qui caractérise justement sa performance, sinon on se trouve dans le cas d'une reconsidération de forme ou d'une plus ou moins bonne copie de l'objet référence.

Considérons le cycle émotionnel : imaginez que face à un événement imprévu, vous ressentiez de la tristesse. Cette tristesse est une énergie qui va vous diminuer, peut-être vous replier sur vous-même, vous renfermer. C'est l'impact de l'environnement sur votre corps, il s'agit d'un échange, d'une communication entre vous et cet événement. Pour retrouver votre équilibre, vous devez exprimer ce que vous ressentez et donc dire que vous ressentez cette tristesse. L'action de l'expression verbale a pour effet de vous faire regagner votre énergie. C'est comme si l'énergie de la tristesse était rejetée à l'extérieur de votre corps. Jusque-là, il s'agit d'une communication entre vous et l'événement. L'étape suivante est que vous compreniez pourquoi vous avez ressenti de la tristesse. Peut-être que vous vous êtes trouvé ridicule dans cette situation, vous avez peut-être eu un manque de confiance pour réagir justement. Si c'est le cas, vous pouvez conclure qu'en travaillant votre confiance en vous, le problème ne se reproduira pas.

Considérer le cycle émotionnel.

Effectivement lors de la prochaine situation similaire, vous serez maître de vos réactions et ressentirez une émotion de joie face à cette réussite. Eh bien, ce sentiment de joie clôt la transformation de cet événement, et là on peut dire que le processus de créativité est allé à son terme.

Il est très important de comprendre ce processus, car ressentir la joie c'est donner de l'énergie à notre vie, c'est le moteur de la créativité et en même temps son aboutissement.

Échelle des valeurs

Si nous considérons les étapes du processus de créativité qui correspondent au cheminement dans notre cerveau et également à notre processus de réalisation jusqu'à un accomplissement concret, nous pouvons prendre conscience que pour chacune d'entre elle peut s'appliquer une échelle de valeurs en terme de qualité ou de niveau de performance.

Qu'est-ce qui fait qu'une idée est déclarée géniale ? C'est son caractère unique, le fait qu'elle possède une valeur nouvelle et qu'elle met en évidence une solution innovante. Cela peut se mesurer en évaluant les conséquences de sa mise en action dans la société : elle aurait des répercussions évidentes et positives sur notre évolution, elle serait un plus pour l'homme en terme de réflexion ou de mieux être. Elle aurait peut-être une dimension exceptionnelle en termes de réalisation artistique ou scientifique. De toute évidence, elle remplirait un vide, une place vacante, parce qu'elle serait attendue et s'ajusterait exactement dans le puzzle de la société humaine ou de la vie. Elle serait cohérente à sa place, elle donnerait un sens à l'ensemble de l'activité humaine et participerait à son évolution.

Nous allons montrer de quelle façon s'appliquent les différentes échelles de valeurs dans chaque étape du cycle de créativité.

Une pensée ou la conceptualisation d'une pensée peut s'évaluer par la complexité ou la richesse d'ingénierie qu'elle contient, par la qualité d'un savoir mis en œuvre pour aboutir à ce concept, ou être la finalité d'une recherche philosophique ou scientifique. Elle peut être extraordinaire par sa simplicité, et participer à l'élaboration d'un projet séduisant. Elle permet de définir et de poser un objectif conceptualisé, cohérent et clair dans le mental humain et pouvant être le point de départ d'une action de réalisation. Dans le milieu de l'entreprise, cela correspond à un objectif clair et précis dont la plupart des paramètres sont gérés.

Le saviez-vous ?

Vous est-il arrivé d'avoir dans votre vie une idée géniale, l'étincelle, que ressentiez-vous sur l'instant ? De la joie, de l'euphorie et une énergie incroyable d'entreprendre, n'est-ce pas ? Et bien, sachez que la routine et le connu consomme de l'énergie et que l'inconnu et la créativité vous donne de l'énergie (gratuite), à méditer !

L'émotionnel est un indicateur qui permet de nous positionner, en terme de ressentis, par rapport à une situation, à un environnement ou à une relation avec une autre personne ou un groupe de personnes, la société par exemple. Il peut nous donner la couleur d'une relation, et nous indiquer si nous sommes en adéquation avec ce qui se passe. Dans le cas contraire, nous avons la possibilité de construire une situation plus positive, par la gestion de conflit par exemple. Notre état émotionnel conditionne la totalité de notre être et joue le rôle de la gestion de notre énergie, il est le robinet de notre motivation et de l'enthousiasme que nous pouvons engager dans un projet. Cette échelle de valeurs va de la peur à la joie en passant par la colère, la tristesse, la gaieté, etc....

Le meilleur comportement, nous l'associons au geste juste, au moment juste, c'est l'action adéquate pour obtenir le meilleur résultat. C'est l'ensemble de notre expérience professionnelle et autres qui constitue notre potentiel d'action, de compétences justes, notre savoir-faire, qui fait que les actions que nous mettons en œuvre donnent un résultat maximum selon les priorités que l'on s'est données.

Nos attitudes dans l'action sont aussi déterminantes, notamment dans l'échange, dans la communication avec les partenaires de l'action. Elles influencent la manière de transformer les situations ou d'aborder les problèmes et facilitent ou non leur résolution. Une bonne écoute de l'autre, un respect des points de vue différents et une attitude positive permettent de construire une relation saine. La justesse de nos comportements traduit la valeur de nos compétences professionnelles ou artistiques.

Le petit plus

L'émotion la plus positive est la joie, et c'est dans cet état de joie que nous disposons du maximum de notre potentiel et de notre énergie. Il suffit de comparer un enfant qui joue avec une personne qui prend le métro pour aller travailler pour apprécier l'écart gigantesque entre ces deux situations. Lorsque les enfants jouent et rient, ils ne sentent jamais la fatigue. La différence entre ces deux situations n'est pas due à l'âge, mais principalement à la dynamique émotionnelle. De là à dire qu'il faudrait travailler en jouant, c'est un pas que nous franchissons allègrement !

Les résultats de l'ensemble se mesurent à l'aide d'indicateurs précis que l'on se fixe en fonction du domaine d'activité et de la qualité souhaitée, ils permettent d'évaluer la performance. Lorsque le résultat attendu est en dessous de ce que l'on attend, il faut reconsidérer toutes nos étapes, les analyser, voir quels sont les endroits où l'on n'a pas été performant et les améliorer. Il s'agit de prendre la responsabilité de nos actes et d'apporter les changements nécessaires.

Si le résultat est bon, c'est une réussite, cela participe à la satisfaction du besoin et génère de la joie. C'est l'aboutissement, le bouquet final, le feu d'artifice : cela se fête. Cela peut se concrétiser dans l'entreprise par un brevet d'invention ou par un produit exceptionnel. L'évaluation de la réussite est arbitraire, cela dépend du contexte, de l'enjeu et de la finalité du résultat.

Quand le résultat est fort, il sera suivi d'une période de lâcher-prise, de recul, voire même de deuil de la situation réussie. C'est une période de relâchement de tout ce qui a été mis en jeu pour réussir. Il faut faire le vide, accepter la situation. C'est cet espace vide qui permet, dans le cycle biologique, la possibilité que naisse une autre idée ou intention.

L'état d'être avec l'environnement

Si on est d'accord avec l'idée que l'être humain est régi par le principe de créativité, et pour qu'il y ait créativité, il faut une intention créatrice générée par l'homme et un environnement à transformer. Sans cela, rien n'existe, la vie s'arrête.

Pour aller plus loin

L'expérience de la créativité en entreprise pousse à privilégier ces attitudes :

- ↗ Faire preuve d'ouverture.
- ↗ Être optimiste, enthousiaste.
- ↗ Ne pas porter de jugements.
- ↗ Sortir du cadre de référence.
- ↗ Avoir de l'humour.
- ↗ Envisager les choses sous un autre angle.
- ↗ Faire preuve de curiosité.
- ↗ Avoir l'esprit d'entreprise.
- ↗ Rester ouvert aux idées des autres.
- ↗ Oser l'inconnu.
- ↗ Prendre des risques.
- ↗ Explorer des territoires inconnus.
- ↗ Lâcher la routine.
- ↗ Abandonner vos certitudes.

La vie de l'individu a du sens lorsque ce dernier est en interaction avec son milieu, c'est le carrefour des échanges, et cela dans tous les domaines relationnels, notamment dans le couple, dans son milieu familial et sur son lieu de travail. À chaque fois qu'il est en situation de communication, il vibre, se positionne et interagit dans le groupe; c'est la vie qui se manifeste. Et sans s'en rendre compte, de manière inconsciente, il déroule le processus de créativité avec plus ou moins de bonheur selon son aptitude à être centré sur lui-même et à être conscient de ce qui se passe en termes de contenu et de processus.

L'homme est confronté de deux manières à l'environnement. La première de manière volontaire, c'est-à-dire lorsqu'il fait des choix, décide de telle ou telle action consciemment. Il prend des décisions ou engage des comportements qui ont un impact, positif ou négatif, sur son environnement. Ses actes se déroulent selon un processus plus ou moins dévié par rapport à celui de la créativité, car chaque action est un acte de créativité, l'homme est donc acteur et responsable de ce qu'il vit.

La deuxième manière, c'est quand il arrive que des situations, des rencontres ou des événements lui soient proposés selon les lois dites du « hasard», où, en apparence, l'individu n'est pas demandeur ou initiateur. Dans ce cas de figure, l'homme est en réaction face aux événements, mais c'est la même loi de créativité qui se met en place, du moins c'est souhaitable, La différence est que l'interaction avec l'environnement intervient dans son domaine inconscient et met en jeu des paramètres plus cachés, qui font se dévoiler des actions et des potentiels insoupçonnés. C'est dans l'inconscient que l'homme puise des matériaux inconnus pour construire sa créativité et par conséquent son futur.

Dans ce contexte, l'environnement est notre source inépuisable d'expériences et de possibilités de création. Chaque rencontre que nous faisons, si nous la prenons avec l'importance qu'il se doit, est une mine d'or d'évolution, de possibilités nouvelles. Il est nécessaire d'être le plus conscient possible pour ne pas se perdre dans cet environnement, et ainsi être capable de rester soi-même, de garder son intégrité et son libre arbitre, de se laisser aller avec confiance et de surfer sur la vie en exprimant la joie qui en découle.

Évoluer avec son environnement.

Notre environnement est vraiment la matière première inconsciente qui ne demande qu'à être transformée. Mais, dans la créativité, il n'y a pas seulement un créateur statique et de la matière qui se transforme ; les deux évoluent, s'enrichissent et prennent des aspects nouveaux. C'est le cas entre deux personnes et notamment dans une vie de couple, où, chaque jour, se crée une réalité qui évolue avec le temps et où chaque partenaire se transforme dans le temps. Quand une relation est difficile, c'est justement la qualité de la gestion de conflit qui peut remettre en place le processus de créativité et faire aboutir une solution gagnant-gagnant, qui n'a rien à voir avec la solution d'une seule personne ou même avec un compromis qui génère deux frustrés.

La caractéristique d'une solution créative est bien le fait d'être nouvelle, de sortir de l'inconnu et surtout de satisfaire tous les partenaires en présence. Pour l'inventeur et pour le bénéficiaire ou client, elle déclenche une joie intense et une grande satisfaction. Le phénomène se produit également dans l'autre sens, c'est-à-dire qu'une joie intense peut déclencher l'apparition d'une idée géniale. C'est ce qui se passe aujourd'hui dans les entreprises conscientes de ce processus et qui envoient leurs ingénieurs dans des formations créatives où le jeu prend une place importante. Mais beaucoup de paramètres sont encore oubliés, ce qui me fait dire que l'on est loin d'avoir fini de créer ou d'inventer de nouvelles choses, c'est vraiment une capacité qui est sans limite.

L'ère des réseaux

Aujourd'hui, à l'ère des réseaux, l'homme met en place un système de communication sur la planète, tel internet et tous les systèmes informatiques dans le but de faciliter les échanges. Pourquoi ? Ce qu'il est important de comprendre, c'est que l'homme est d'une richesse exceptionnelle, son potentiel est sans limite mais il n'en a pas complètement conscience, alors il projette et construit à l'extérieur de lui-même des idées ou des performances scientifiques qu'il possède en réalité à l'intérieur de lui. C'est pour cela que son environnement l'interpelle sur son processus de créativité, pour faire émerger de son inconscient toutes ses richesses cachées. En créant tous ces réseaux, il construit dans son environnement des conditions de facilité pour rencontrer de plus en plus de relations diversifiées, d'idées nouvelles. Il élargit son milieu culturel pour éviter les saturations nationales ou de clocher, car aujourd'hui c'est la planète entière qui devient le laboratoire de recherche, et il faut de plus en plus d'avis différents pour évoluer toujours plus loin. En créant cette mine d'opportunités, l'homme se donne les matériaux pour offrir la possibilité à l'innovation de générer des solutions qui vont permettre de régler les grands problèmes de ce monde.

Plus que les réseaux technologiques, ce sont les réseaux humains qui utilisent ces technologies qui développent une créativité collective. Sur les sites web dédiés à la créativité, les forums, les listes de diffusion et plus récemment les wiki et les weblogs démontrent le formidable développement créatif au travers de ces réseaux.

Les réseaux annoncent une nouvelle ère, celle de la créativité à l'échelle de la planète, où un jour nous prendrons conscience que chaque homme a sa part de créativité à mettre dans le chaudron commun et participer à une réussite partagée dont le résultat reste encore à découvrir.

Exceller en résolution de conflit

Reconnaître l'opportunité de tout conflit

Dans tout conflit se trouve le germe d'une solution créative, si dans les expériences de la vie nous prenions à cœur de prendre en

Pour aller plus loin

Réflexion

Mon expérience personnelle et professionnelle m'a fait expérimenter plusieurs modes de résolution des conflits, avec plus ou moins de succès. Celle qui a donné les résultats les plus significatifs est celle qui favorise notre potentiel créatif. Cela implique de voir les problèmes non pas comme des problèmes, mais plutôt comme des opportunités de développement et de croissance. C'est ce processus que je partage et que je vous propose d'expérimenter.

considération les résultats et souvent les avancées que certains problèmes ont provoqués, il apparaîtrait évident que les conflits sont des opportunités importantes pour autant que la transformation se fasse créativement. Ne rien faire ne résout rien. Au contraire, cela assure que le problème grossira avec le temps qui passe. C'est le rapport et l'attitude face au conflit qui prédétermine la nature du résultat, un conflit ou un problème sont là pour faire progresser les parties sur un niveau d'évolution où elles n'y seraient pas naturellement allées. Posséder cette vision donne l'énergie pour aller dans la résolution des conflits avec l'assurance que l'après sera bien meilleur.

En tout conflit une solution créative.

La majorité des gens envisagent le conflit comme un problème. La majorité des gens envisagent le conflit comme un problème, cette vision ne permet pas d'accepter les situations et donc ne permet pas de les transformer en solutions créatives.

À retenir

Je prends les situations comme des tremplins.
Je change ma vision des choses.
Je focalise sur le positif.

Développer votre confiance sur la capacité à transformer les problèmes en opportunités, ces problèmes sont des marches pour atteindre des opportunités que vous n'auriez jamais atteintes sans l'apparition et l'existence de ces problèmes!

Vouloir résoudre le conflit

Dans le cas de deux ou plusieurs partenaires dans un conflit, un règlement ne peut s'envisager qu'avec l'accord explicite et sans équivoque des partenaires à s'engager dans une telle démarche. C'est une condition déterminante que d'accepter de se mettre ensemble autour d'une table même si la solution est loin d'être acquise. Cela inclus le fait de quitter les non-dits et d'accepter de communiquer afin d'entrer dans la transformation de la relation. La réponse doit être affirmative ! Il se peut également que la réponse soit négative parce que ce n'est pas le moment ou parce que l'autre à un intérêt majeur à ce que le conflit perdure.

À retenir

Je tourne le dos au conflit.
Je prends le risque du changement et de la réussite.

Se mettre en disponibilité et à l'écoute

L'étape importante pour celui qui gère la négociation ou le médiateur, ou éventuellement l'un des opposants, est d'aller se mettre à l'écoute de son interlocuteur, d'une écoute sans faille, sans arrière-pensées et l'esprit vide pour ouvrir son niveau d'écoute optimum. Demander à la personne de vous expliquer sa vision du problème, comment elle voit les choses et ce qu'elle ressent. Durant cette étape, il suffit juste d'écouter, vous pouvez éventuellement reformuler avec des mots ce que vous avez entendu. Essayer de découvrir quelle est l'intention de l'autre, elle est rarement négative et permet souvent de se réorienter dans une dynamique créative. Posez des questions tant que votre compréhension de la pensée de l'autre n'est pas suffisante, et dès que vous comprenez son point de vue, passez à l'étape suivante.

À retenir

J'ose faire le premier pas.
J'écoute, j'écoute, j'écoute.

Une personne à la vision du rond et l'autre du carré... La solution pourrait être le cylindre.

Reconnaître l'autre dans sa vision des choses

Lorsque vous avez complètement compris la vision de l'autre vous pouvez formuler la phrase suivante. **« Je comprends ta vision des choses et j'accepte qu'en fonction de ce que tu viens de me dire sur ta vision et tes ressentis tu peux effectivement percevoir les choses de cette façon ! »**

C'est une phrase magique qui fait s'écrouler l'énergie du conflit, l'autre est reconnu dans son vécu et dans son identité.

À retenir

Je suis dans l'empathie.
J'accepte un avis différent du mien.
Je n'hésite pas à reconnaître l'autre.

La raison principale des conflits est de ne pas accepter l'autre dans son identité et son vécu pour quelque raison que ce soit ! Reconnaître l'autre ne signifie pas que nous ayons tort ou que nos arguments ne soit pas acceptables. Au contraire, cette démarche essentielle permet d'accéder au cadeau de l'existence de l'autre et de sa contribution future à la Co- créativité. C'est aussi mon évolution et mon développement personnel qui est en jeu ! En général, à ce moment-là, l'atmosphère est détendue et ouverte pour la suite du processus.

Partager sa propre vision

À retenir

Je prends ma place sans prendre celle de l'autre. Je parle de moi.

Le niveau d'écoute et d'ouverture est assez grand pour demander à l'autre personne de venir à vos côtés découvrir qu'elle est votre vision et votre vécu de la situation. À ce moment, il s'agit de partager avec l'autre vos ressentis de la situation dans le but d'élargir et de faciliter la compréhension. Normalement, l'autre joue le jeu de l'expérience et de l'écoute du fait qu'il se sent rassuré et reconnu. Dans cette phase un danger potentiel existe, c'est d'essayer de convaincre l'autre que vous avez raison. Si telle est votre intention et que l'autre la perçoit, vous réenclenchez l'énergie du conflit. Votre discours doit amener l'autre à la compréhension totale de votre vision des choses, demandez-lui confirmation, il peut le reconnaître mais pas forcément. Et vous devez l'accepter !

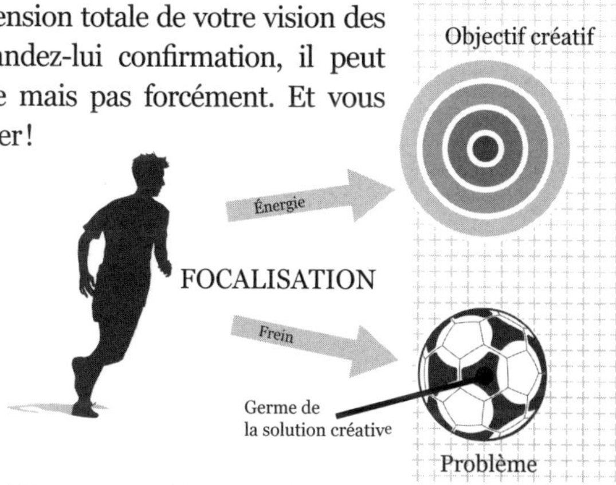

Accepter le problème parce qu'il contient le germe de la solution mais ne pas focaliser dessus : cela l'amplifie ! Focaliser sur l'objectif créatif.

Définir un objectif créatif

Cette étape est particulière car les deux personnes ont maintenant compris et accepté le point de vue de l'autre, elles ont toujours leurs points de vue différents mais ne sont plus en conflits. Les deux points de vue sont reconnus dans le respect de l'autre ! **La qualité et la profondeur de l'acceptation des faits est la base solide sur laquelle peut s'enclencher la transformation.**

Le défi alors est de définir les besoins et les attentes réciproques. Puis de trouver un objectif créatif qui aille bien au-delà des besoins énoncés dont la ou les réponses possibles englobent les attentes initiales, plus une dimension supérieur. En gros 2 et 2 ne font pas 4 mais au minimum 5, voire bien plus.

À retenir

Je suis zen avec le fait d'avoir des points de vue différents, définir nos besoins respectifs.
J'ai confiance dans notre potentiel de co-créativité.

Cet objectif doit être positif, ouvert sur une multitude de possibilités. A cet instant, les personnes rentrent dans un processus de co-création de la solution idéale. Plus l'objectif est partagé, discuté et d'une grande précision, plus le fait de focaliser dessus peut rapidement déclencher l'apparition de la solution. Faites marcher votre cerveau droit, laissez le vide se faire dans vos pensées et soyez à l'écoute de l'autre, de l'environnement et de votre créativité !

Faire des choix intégrant les points de vue

À retenir

Explorez des solutions nouvelles.

Soyez attentif à la montée d'énergie.

C'est la solution qui vous choisit, alors engagez-vous et faites confiance !

Il s'agit maintenant de trouver une ou plusieurs options créatives répondant à l'objectif. Une difficulté à surmonter dans cette étape est le lâcher prise, ne pas rester accroché à votre ancienne vision, être capable de l'abandonner pour oser prendre le risque de découvrir quelque chose de bien supérieur. Lâcher la peur de perdre l'ancien au profit de l'inconnu créatif. Discuter des options découvertes et orienter votre choix.

L'option est satisfaisante quand le choix de la solution satisfait les deux personnes ; les besoins et les attentes de chacun sont contenus dans la solution. Le niveau d'énergie et d'enthousiasme doit être élevé. Les partenaires manifestent le désir de célébrer cette réussite. C'est un moment qui donne envie d'entreprendre, de se dépasser et de réaliser cet objectif en commun !

L'indice de la réussite réside dans le fait qu'aucun des partenaires n'a l'idée de revendiquer que sa vision d'avant était malgré tout la bonne. Cela deviendrait ridicule ! Maintenant l'énergie est focalisée sur la solution commune dans le moment présent et non plus sur le passé !

ATTENTION

Ne passez d'une étape du processus à la suivante que lorsque vous êtes sûr de l'avoir bien validée, bien vécue et assimilée !

Faire le bilan de son réseau, c'est créer des opportunités créatives

Si nous sommes la qualité des liens que l'on tisse, alors on peut émettre l'hypothèse suivante : notre bonne santé se mesure à la qualité des liens que nous entretenons avec l'ensemble de notre réseau actuel !

Dans cette perspective, faire le bilan relationnel de notre réseau actuel est intéressant. Par exemple la liste de téléphone, de votre portable, agenda et autres (tous secteurs : professionnel, familial, amical, loisirs, anciens de X choses). Faites des listes et détaillez la qualité de ces relations, qui peuvent être :

- satisfaisantes
- en activités positives
- en froid
- en conflit
- délicates
- indifférentes.

Faites un bilan sur 100 % : quelle est la part de chaque niveau de qualité ?

Exercice

Combien de situations dans votre vie sont bloquées ou en conflits avec des personnes ou des évènements, notez-les puis prenez les plus légères et expérimentez ce processus.

Évaluez les résultats !

Prenez de l'assurance et continuez !

L'état de votre réseau est le reflet de votre santé intérieure (réseau intérieur).

Faites le bilan de votre réseau

Noms	**Qualité du lien**		
	Soleil	**Nuage**	**Orage**
Paul	X		
....			
....			
....			
....			
....			
....			
....			

Pour aller plus loin

Une autre vision du bilan

Faites la liste nominative de votre réseau et qualifier le lien en mettant une croix dans la colonne soleil si la relation est créative, une croix dans la colonne nuage si la relation est moyenne et une croix dans la colonne orage si la relation est conflictuelle.

Société, réseau d'affaire, construire les liens c'est la clef de la réussite.

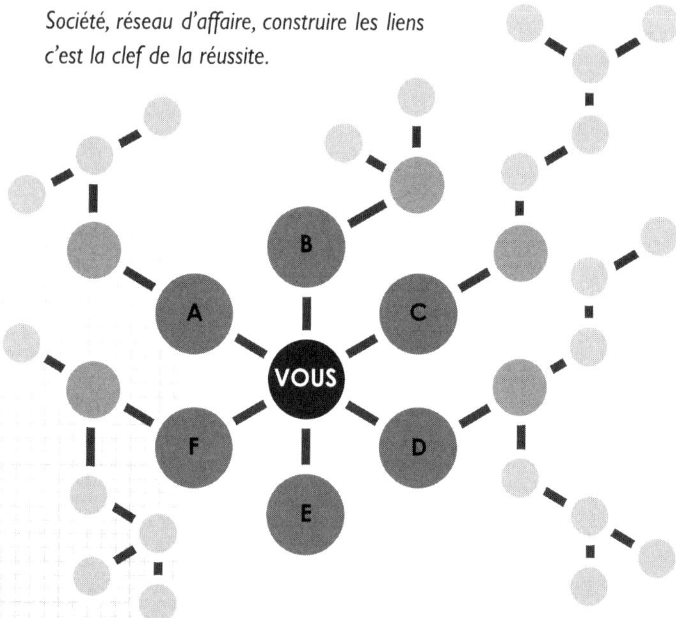

Réparer notre réseau est la condition biologique et indispensable de notre santé et de notre bien-être. **Le sens du réseau comme dans un tissu biologique est que chaque cellule prenne sa place, crée et co-crée avec les autres. Concrètement, prenez chaque personne et amenez les liens correspondant à un état satisfaisant, créatif ou simplement apaisé, il se pourrait que vous atteigniez votre plein potentiel de créativité à ce moment-là.**

4. La matrice des liens

Geneviève Morand
& Michel Sintes

La Voie
du milieu,
harmonie

« La seule façon d'agir, c'est d'être. »

Lao Tseu

L'écriture de ce livre s'est faite en parallèle. Par contre, ce quatrième chapitre nous l'avons écrit ensemble. Nos discussions nous ont poussés à nous dépasser, à poursuivre nos recherches et à explorer de nouveaux champs de possibles. C'est ainsi que nous avons imaginé une « matrice des liens » qui se décline aussi bien pour l'individu que pour les organisations.

Bien qu'étant des adeptes inconditionnels de la créativité, on en a aussi perçu les limites. Découvrez le fruit de ces recherches.

Tout ce que l'on combat se renforce

Si l'on accepte l'idée que tout ce que l'on combat se renforce, alors qu'il s'agisse de conflit ou de créativité, on reste dans l'énergie du conflit. Être en état de créativité n'empêche pas le combat. Éviter le conflit ou combattre le mal par le bien, cela ne revient-il pas au même, soit à renforcer le conflit ?

Au-delà des conflits et de la créativité, une troisième voie apparaît. Cette voie permet de faire le lien entre le conflit et la créativité. Ce chemin privilégie l'« être » au

« faire » et ouvre un champ peu exploré en management mais familier aux personnes en quête spirituelle.

Maitre Ueshiba a fondé l'Aïkido sur le principe de ne pas combattre l'adversaire pour le vaincre, mais d'utiliser son énergie pour transformer une situation et faire de l'ennemi son allié. Cette condition peut se réaliser si on passe dans une position d'équilibre. Dans l'Aïkido, on l'appelle le point de contact. Il permet même d'arrêter le temps, dans cet espace **et** d'équilibre, **et** de mouvement. On raconte que lorsque Maitre Ueshiba s'ancrait et s'alignait, les plus forts de ses disciples n'arrivaient pas à le soulever de terre.

Dans les matrices des liens qui suivent, on appelle ce point précis la « Voie du milieu ». Cette voie d'harmonie peut paraître très étroite. Avec de l'entraînement, elle peut s'élargir et devenir un mode d'être à soi et aux autres.

L'énergie du conflit et de la créativité est la même

Un environnement compétitif pousse à être en conflit dans le but de nourrir son identité en se comparant aux autres. Si l'intention est d'être meilleur que son voisin, l'accueil de l'autre ne peut pas se faire. L'énergie créatrice est contrariée et va générer des conflits.

Exploiter son énergie.

Le conflit peut aussi naître parce que l'on cherche à imposer une solution qui nous paraît plus positive. Que l'on focalise sur le conflit ou la créativité, dans les deux cas, il existe une tension et on alimente l'énergie du conflit. Le gagnant d'aujourd'hui est le perdant d'hier, et inversement.

Toute organisation et toute personne dispose d'une quantité d'énergie à exploiter. Elle s'exprime généralement soit dans le conflit, soit dans la créativité dans le but de dépasser la concurrence ou d'innover. Or, en focalisant de façon binaire, elle passe à côte d'un gisement qui lui est inépuisable. C'est celui de l'Amour, de l'intelligence du cœur.

La sagesse de la voie du milieu

Avez-vous déjà pensé à un monde de paix, sans tension, à l'écoute? Toutes les voies traditionnelles qui visent à l'accomplissement de soi tendent vers cet objectif d'atteindre cet espace où on est en paix avec soi-même, les autres, et dans la société.

Et si on s'impliquait à ouvrir cette voie du milieu aussi bien sur le plan personnel que professionnel ?

Voici les briques que nous avons assemblées. À vous maintenant de jouer avec !

La matrice des liens au niveau de l'individu

Une personne peut agir sur elle-même à 4 niveaux en prenant soin d'elle-même et de sa relation aux autres sur les plans :

- énergétique ;
- mental ;
- émotionnel ;
- physique.

On peut faire le parallèle avec les 5 roues de la créativité qui permettent d'accomplir des projets. Le résultat étant le fruit de ces états d'être. La voie du milieu est effective lorsque l'on atteint le vide, le lâcher-prise, l'amour, l'harmonie et l'abondance.

Individu	Conflit	Voie du milieu	Créativité
Énergétique Idée/intention	Mauvaises intentions	Le vide	Idées créatives
Mental Pensée/objectif	Injure	Lâcher prise	Verbe
Émotionnel	Peur	Amour	Joie
Physique Comportement/ action	Hostilité	Harmonie	Innovation
Résultat	Destruction	Abondance	Mutation

La matrice des liens au niveau des organisations

En entreprise, la Voie du milieu est atteinte lorsque la vision est bien définie et incarnée par chacun, lorsque le leadership est effectif dans tous les rouages de l'organisation, lorsque chacun exploite chaque jour ses talents, lorsque les compétences sont reconnues. Cet ensemble de facteurs ouvre la voie à la richesse qu'il convient de célébrer comme on célèbre une bonne récolte.

Entreprise	**Conflit**	**Voie du milieu**	**Créativité**
Vision du leader	Prendre	La vision	Donner
Équipe de direction	Management hiérarchique	Leadership	Management participatif
Ressources humaines et matérielles	*Burn out mobbing*	Talents	Collaboration
Transformation	Dysfonction-nement	Compétences	Excellence
Produit/services	Concurrence	Richesse	Innovation

Épilogue

Ce livre est le fruit de l'expérimentation vécue dans notre relation et dans nos parcours singuliers.

C'est le résultat de nos expériences personnelles et professionnelles.

La Voie du milieu, c'est l'état permanent du sage que nous vous souhaitons de devenir.

À propos des auteurs

Geneviève Morand est entrepreneur, conférencière, formatrice, Présidente de la Fondation Muse pour la créativité entrepreneuriale, membre de plusieurs conseils d'administration.

Pionnière des réseaux sociaux et des cercles d'entraide pour cadres et dirigeants, sa recherche en intelligence relationnelle et en management de réseaux commence en 1985. Elle lance le réseau Rezonance.ch en 1998 qui rassemble aujourd'hui près de 50 000 professionnels et entrepreneurs en Suisse romande. Elle préside la Fondation Muse, un laboratoire aux avant-postes de l'économie et a participé au projet européen « Leonardo » de transfert des meilleures pratiques créatives.

Elle accompagne les organisations dans la résolution créative de problèmes complexes et anime des formations interactives. En tant qu'entrepreneur réflexif, elle partage ses meilleures pratiques en signant des chroniques régulières à la *Tribune de Genève* et *24 Heures* et des livres : *L'art de l'entraide pour s'accomplir personnellement et professionnellement* chez Jouvence et *Du réseautage au management collaboratif chez HR Today*, tous deux parus en 2013.

g.morand@rezolab.org (www.rezolab.org)
www.la-muse.ch

Michel Sintes est formateur & consultant, ingénieur, co-inventeur du chronographe Daytona de Rolex, chercheur en innovation, fondateur du cabinet Vision Passion Action à Genève et conférencier.

Créateur de l'Eco Business Management®, un processus d'accompagnement à l'excellence basé sur le fonctionnement de l'être humain et sur l'adaptation et la stratégie face à l'environnement, il développe des concepts en management et en créativité et enseigne comment gérer les conflits et les transformer en opportunités créatives.

Formateur en créativité, communication, management et intelligence émotionnelle.

Contributeur à l'ouvrage collectif *L'innovation à l'ère des réseaux*, Hermes Sciences Publishing, Londres, 2004. Il intervient dans les entreprises et les universités en Suisse, France et Afrique.

michel.sintes@gmail.com

Bibliographie

Barabasi Albert-Laszlo, *Linked: How Everything Is Connected to Everything Else and What It Means for Business, Science, and Everyday Life*, Plume, 2000.

Bigé Luc, *La force du Symbolique*, Dervy, 2003.

Blass Thomas, *The Man Who Shocked the World: The Life and Legacy of Stanley Milgram*, Basic Books, 2009.

Bloom Howard, L*e principe de Lucifer 2, Le Cerveau Global*, le Jardin des Livres, 2004.

Bommelaer Hervé, *Booster sa carrière grâce au réseau*, Eyrolles, 2012.

Buber Martin, *Je et Tu*, Éditions Aubier, 2012.

Capra Fritjoff, *The Hidden connections*, Doubleday, 2002.

Cardinal Lise, Duhamel Roxane, *Réseautage d'affaires Mode de vie*, Transcontinentales, 2004.

Cardinal Lise et Tremblay Johanne, *Comment bâtir un réseau de contacts solide*, Transcontinentale, 2007.

Crouzet Thierry, *Le peuple des connecteurs, Ils ne votent pas, ils n'étudient pas, ils ne travaillent pas mais ils changent le monde*, Bourin Éditeur, 2006.

Deming W. Edwards, *Out of the crisis, Massachusetts* Institute of Technology, CAES, 1991.

Faure Jean-Philippe, Taillens-Girardet Céline, *L'empathie, le pouvoir de l'accueil*, Éditions Jouvence 2003.

Gale Porter, Kawasaki Guy (Préface), *Your Network Is Your Net Worth: Unlock the Hidden Power of Connections for Wealth, Success, and Happiness in the Digital Age*, Atria Books, 2013.

Gladwell Malcolm, *Le point de bascule: Comment faire une grande différence avec de très petites choses*, Transcontinentale, 2003.

Godard Frédéric, *Sociologie de la mode*, La Découverte, 2010.

Gray Dave Thomas, *The Connected Company*, O'Reilly, 2012.

Hock Dee, *Birth of the Chaordic Age*, Berrett-Koehler Publishers, 1999.

Jacquard Albert, *Dans ma jeunesse*, Stock, 2012.

Lecomte Jacques, *La bonté humaine, Altruisme, Empathie, Générosité*, Odile Jacob, 2012.

Lefebvre Alain, *Le miroir brisé des réseaux sociaux*, Talking Heads, 2013.

Levine Rick, Locke Chrsitopher, Searls Doc, Weinberger David, *The Clue train Manifesto*, Basic Books, 2009.

Martin Alban, Delcroix Eric, *Facebook - On s'y retrouve*, Pearson, 2008.

Morand Geneviève, *L'art de l'entraide pour s'accomplir personnellement et professionnellement*, Éditions Jouvence, 2013.

Morand G, Turgeon F, *Du Réseautage à l'entraide, à l'âge de la connexion*, SEES-Revue économique et sociale, Volume 70, numéro 4 décembre 2012, Article p.51-59.

Morin Edgar, *Introduction à la pensée complexe*, Points Essais, 2005.

Pierre Xavier, *L'entrepreneuriat aujourd'hui*, dossier paru dans la Revue économique et sociale, 2012.

Newman Mark, Barabasi Albert-Laszlo et Watts Duncan, *The Structure And Dynamics of Networks «Networks are everywhere...»*, Princeton University Press, 2006.

Pollak Kay, *Aucune rencontre n'arrive par hasard – se découvrir à travers les autres,* Éditions Jouvence, 2008.

Ray Paul H., Anderson Sherry Ruth, *L'émergence des créatifs culturels*, Éditions Yves Michel 2001.

Reinhard Diane, *Élargir votre réseau,* Éditions Saint-Augustin, 2011.

Rogers Carl, *On becoming a person,* Éditions Constable, 1961.

Tapscott Don, Wiliams Anthony, *Wikinomics,* Portfolio, 2006.

Ruiz Miguel, *Les quatre accords toltèques, la voie de la liberté personnelle*, Éditions Jouvence, 2005.

Saint-Exupéry Antoine de, *Le petit prince,* Gallimard, 1943.

Saloff Coste Michel, *Le Management du troisième millénaire*, Guy Trédaniel Éditeur, 2005.

Savoyat Bruno, *Les secrets de l'efficacité - En faire plus en moins de temps* - 4e édition, Éditions Maxima.

Scharner Otto, *Théorie U Diriger à partir du future émergent*, Pearson 2012.

Shiba Shoji, Graham Alan, Walden David, 4 *révolutions du management par la qualité totale*, Dunod, 1997.

Soulez Bettina, *Cultivez votre réseau relationnel*, Éditions d'Organisation, 2002.

Watts Duncan J., *Six Degrees: The Science of a Connected Age*, Norton, 2004.

Winkin Yves, *La nouvelle communication*, Éditions du Seuil, 1981.

Zack Devora, Sullivan Jeremy, Sivasubramaniam Jeevan et Roquet Geneviève, *Cultiver son réseau quand on déteste réseauter*, ESF, 2011.

Crédits photo

Dépôt légal : novembre 2014
IMPRIMÉ EN FRANCE

Achevé d'imprimer le 31 octobre 2014
sur les presses de l'imprimerie « La Source d'Or »
63039 Clermont-Ferrand
Imprimeur n° 17453

PEFC
PEFC/10-31-2008

Dans le cadre de sa politique de développement durable,
La Source d'Or a été référencée IMPRIM'VERT®
par son organisme consulaire de tutelle.
Cette marque a été attribuée
à l'issue d'un programme d'investissements
et d'un audit garantissant la totale récupération des déchets
à des fins de recyclage.
Cet ouvrage est imprimé - pour l'intérieur -
sur papier offset standard 110 g
provenant de la gestion durable des forêts,
des papeteries Arctic Paper, dont les usines ont obtenu
les certifications environnementales ISO 14001 et E.M.A.S.